Dietmar Ströbel

Eine Theateraufführung vorbereiten

ZWISCHENTEXTE 11

MIT MUSIK LEBEN
Projekte zur Ästhetischen Praxis von Musikpädagogen
in konzeptioneller Absicht

Projekt 2 / Kommentar und Partituredition

Dietmar Ströbel

Eine Theateraufführung vorbereiten

Conradin Kreutzers Musik zu Ferdinand Raimunds
Original-Zaubermärchen »Der Verschwender« und
ihre Bearbeitung für ein Kleines Ensemble

[Kommentar und Partitur]

In Erinnerung an die Begegnung mit der Musik Conradin Kreutzers,
einer Musik von durchaus Ohrwurm-Qualität, sowie
in Respekt vor der so authentischen Waldorflehrerin Karin Fintelmann,
die solche Begegnung im Rahmen eines Theaterprojekts vermittelte,
das sie im Jahre 1990 an der Freien Waldorfschule Evinghausen
mit ihrer achten Klasse initiiert und durchgeführt hat

Bibliografische Information der Deutschen Nationalbibliothek:
Die Deutsche Nationalbibliothek verzeichnet diese Publikation in der Deutschen
Nationalbibliografie; detaillierte bibliografische Daten sind im Internet
über dnb.dnb.de abrufbar.

Satz und Notensatz: D. S.
© 2024 Dietmar Ströbel

Verlag: BoD · Books on Demand GmbH, In de Tarpen 42, 22848 Norderstedt
Druck: Libri Plureos GmbH, Friedensallee 273, 22763 Hamburg

ISBN: 978-3-7693-1447-2

Inhalt

I

Über Ferdinand Raimunds Original-Zaubermärchen »Der Verschwender«, Conradin Kreutzers Bühnenmusik dazu und deren Bearbeitung für ein Kleines Ensemble

Worum es geht –

oder: Schülertheater mit einer Original-Musik?

Die achte Schulklasse einer Freien Waldorfschule hat sich vorgenommen, Ferdinand Raimunds "Original-Zaubermärchen" *Der Verschwender* zu spielen. Das Erarbeiten, Einstudieren, Ausstatten und Aufführen eines Theaterstücks gehört zum Lehrplan einer achten Klasse; es stellt eine wesentliche pädagogische Maßnahme dar.

Wenn im folgenden im Besonderen über *das Problem der Musik* für eine solche Aufführung zu reden ist, dann deshalb, weil der Autor *nur an ihr* originär beteiligt war. Denn Einstudierung, Inszenierung und Leitung des Spiels lagen in den Händen der Klassenlehrerin, Karin Fintelmann. Doch zur Ausstattung trugen – wie in Waldorfschulen selbstverständlich – auch viele Eltern bei, unter ihnen eben der Autor dieses Textes zum Bereich Musik. Und diesen motivierte die Arbeit des Beschaffens, Bearbeitens, Einstudierens und des Realisierens der Musik eben auch dazu, *im Nachgang den Gesamtzusammenhang als ein musikpädagogisches Projekt zu überdenken.* Dazu ist freilich auch über Raimunds Stück zu sprechen.

Wer Raimunds (oder Nestroys) Werke je aufgeschlagen hat, der weiß, dass deren Stücke und Zauberpossen vielfach mit Musik verbunden sind. Auch in diesem Fall ist uns eine Originalmusik überliefert, wenn auch nicht gedruckt greifbar. Sie stammt von Conradin Kreutzer. Eine Schauspielmusik des 19. Jahrhunderts mit einem (mehrheitlich) Schüler- und Elternensemble verwirklichen, – steht man hier nicht vor der Wahl zwischen zwei Unmöglichkeiten?

Denn: Eine solche Partitur – mir lag sie als bühnenübliche Abschrift aus dem 19. Jahrhundert in zwei handgeschriebenen Bänden von zusammen ca. 350 Seiten vor – flößt erst einmal Angst ein. Sie umfasst neben einer Ouvertüre achtzehn Stücke sowie eine mehrmals eingeschobene Hornfanfare (als Musik auf der Bühne). Und sie sieht ein recht stattlich ausgebautes Orchester des frühen 19. Jahrhunderts vor: fünfstimmigen Streicherchor, je doppeltes „Holz" (Flöten, Oboen, Klarinetten, Fagotte), 2 bis 4 Hörner, 2 Trompeten, 3 Posaunen, Pauken, kleine Trommel, Becken und Harfe. Dazu kommen ein Theaterchor (teils als Gemischter Chor, teils als Männerchor) und drei Solostimmen (Azur/Bettler = Bass, Valentin = Tenor, Rosa = Sopran). Im Rahmen einer Schüleraufführung ist eine solche Partitur keinesfalls zu realisieren.

Bliebe nur: die Musik ganz zu streichen? Sicher „kann" man das Stück auch ohne Musik spielen, zumal als Schüleraufführung, in der die Zuhörer/-schauer wohlwollender und von sich aus Fehlendes ergänzend teilhaben. Doch wird man ohne verändernde Striche nicht auskommen: Wer in den Text des Stückes hineinschaut, dem werden Liedtexte auffallen, die, wenn auch ironisch vom Gang der Handlung abgehoben, untrennbar mit der Aussage des Stückes und – wir werden das noch zu erörtern haben – mit der besonderen Art des Raimundschen Theaters verbunden sind. Und es werden ihm Szenen auffallen, die explizit von der Vorstellung Raimunds auf Musik verweisen. Eine Entscheidung „ohne Musik" bedeutete naheliegend eine Entscheidung gegen das „eigentlich" mit dem Text von Raimund *gemeinte* Stück.

Hier ist Erfahrung wichtig, vor allem die mit dem *Spielen* dieses Stückes und mit dem *Bearbeiten* der Musik von Kreutzer. Die Aufführungen haben mir (und anderen), ohne dass wir dies vorher kalkulieren konnten, klargemacht, dass gerade die (= *diese*) Musik maßgeblich daran beteiligt war, eine Aufführung über das Ereignis einer Nur-Schülerveranstaltung hinaus in eine eigene Ebene des Sich-Abspielens zu heben. Das lag nicht daran, dass die Musik besser gespielt worden wäre als die Rollen; beide wurden von den gleichen Schülern vergegenwärtigt. Und gerade für die Musik gab es die wahrscheinlich typische Bedingung, sich um sie ein wenig zu spät zu kümmern.[1] Doch selbst die in vielem recht unvollkommen realisierte Musik verlieh dem Theater-Spielen spezifischen Zauber und machte es im Sinne eines möglicherweise zeitgenössisch Gemeinten erst zu einem in sich abgerundeten stimmigen Theater.

---

[1] Die Fahndung nach einer solchen Bühnenmusik kann einige Wochen in Anspruch nehmen. Hat man ein Partiturexemplar auf dem Tisch, benötigt man ein bis zwei Wochen, um einige Stücke, nach Wichtigkeit gestaffelt, zu bearbeiten; und für deren Einstudierung (und evtl. Umarbeitung) sollte man sich wenigstens vier bis acht Wochen Zeit nehmen. Über die Begrenzung der zu bearbeitenden Stücke wird zu reden sein; schließlich muss man auch die Weigerung einiger Schüler, auf der Bühne zu singen, veranschlagen. Für die hier den Diskussionszusammenhang bildende Bearbeitung wurden zehn der 18 Musikstücke ausgewählt. Es folgten sechs Aufführungen (März 1990), und es folgte dabei die o. a. Erfahrung, aus der heraus dieser Text sowie Skizzen zur Bearbeitung weiterer Musikstücke entstanden.

Die Frage, wie weit *Der Verschwender* mit Musik und ob er mit dieser Musik aufzuführen sei, stellt sich deshalb (für mich) als Bestandteil der umfassenderen Frage nach dem *Spielen als Vorstellung*, die der Text meint resp. die man als eine eigene und zeitgenössische „hinter" dem Text zu finden willens und in der Lage ist. Und die Antwort, die man sich erarbeitet, stellt die zentrale Vorgabe dar, der sich Musik einzufügen hat, entweder jene Originalmusik von Kreutzer oder eine neu zu schaffende.

Deutlich soll damit werden, dass es hier nicht allein um die Bearbeitung der Musik von Kreutzer und um deren Ausführung gehen kann – dies allein wäre eine Aufgabe eher für einen erfahrenen Kapellmeister. Vielmehr stellen die *Vorbereitung* des Raimundschen Spiels und seine *Aufführung* durch die Klasse für den Musiklehrer einer Schule eine wichtige und chancenreiche schulische Situation dar, die als eine *musikpädagogische* zu entdecken und zu interpretieren ist: in ihr geht es darum, die Schüler in ihrem Vorhaben des Theater-Spielens (musikalisch) *spielen und singen zu machen*, in einer Weise, die ihre Bedingungen mit denen dieses Stückes tendenziell zur Deckung bringt und die damit ein *praktisches Musiklernen* initiiert, das dem Interesse von Schülern in allen Ebenen entspricht: es integriert Musik als eigenen Vollzug, als vor allem instrumentales Spielen und als Singen, in einen Abschnitt eigenen Lebens.

Die technische Bewältigung, bestehend aus dem *Auffinden* und *Studieren* der Originalmusik, dem *Auswählen* der in das Spiel zu übernehmenden Stücke, deren *Bearbeitung* für ein kleines Ensemble unter Beteiligung von Schülern und weiteren Eltern sowie unter Berücksichtigung ihrer (musikalischen) Spielmöglichkeiten (wobei man sich von einem erfahrenen Kapellmeister helfen lassen könnte) sowie dem *Einstudieren* und *Leiten* während der Aufführungen, evtl. unter eigener instrumentaler Beteiligung, kann eine zentrale Phase des musik- und theatergeschichtlichen *„Nachdenkens über" aus pädagogischer Sorge* in sich aufnehmen, um Entscheidungen über das künstlerisch Notwendige vom pädagogisch und sachlich Gebotenen her zu erarbeiten. Ein solches Nachdenken soll im folgenden skizziert werden. Es beginnt bei der *Selbstaneignung* und folgend beim *gedanklichen Vergegenwärtigen des Stückes*, stellt dann die *Frage nach dem Theater Raimunds*, das der uns heute vorliegende Text meint, sowie nach der *Rolle der Musik* in ihm. Ein zweiter Anlauf beschreibt und begründet schließlich das *Vorgehen bei der vorliegenden Bearbeitung* von sechzehn der original achtzehn Musikentwürfe.

Der folgende Text belegt somit einen Ausschnitt aus dem *Arbeitsprozess eines Musikpädagogen*. Dieser erweitert hier nicht nur die in der Musikpädagogik heute übliche sog. Wissenschaftsorientierung um eine solche künstlerischer Art, sondern er deutet auch seine prinzipiell *gegenläufige* Organisation an. Statt – einfach gesagt – von einer wissenschaftlichen Bearbeitung von Musik über das („praktische") Hören zum sog. Verstehen von Musik zu führen, will er bei der praktischen Verstrickung und Erfahrung des Musiklehrers mit Musik, bei dessen notwendiger alltäglicher ästhetischer Praxis ansetzen und von dieser über das „Nachdenken über" aus pädagogischer Sorge zu einem Singen und Spielen und Hören der pädagogisch Betroffenen führen. („Verstehen" ist solcher Musikpädagogik kein Ziel *sui generis* sondern eine Dimension des eigenen musikalischen Tätigseins, des eigenen *Lebens mit Musik*.) Dabei ist u. a. davon auszugehen, dass die pädagogische Sorge die eigene *künstlerische Praxis* des Musiklehrers nicht unbeeinflusst lässt: Erarbeiten und Bearbeiten einer solchen Partitur sind ja durchaus Akte kunstorientierter Tätigkeit, die als solche den Musiklehrer als „Musiker" fordern und faszinieren können, und sie sind anderseits Vorbereitung bereits pädagogischer Vermittlung, angelegt, *andere* singen, spielen und hören zu machen.

Aber: den hier aufscheinenden (und an manchen Schulen noch fraglos üblichen) musischen Kurzschluss inform vorschneller Verklärung des eigenen Interesses des Musiklehrers zum angeblich pädagogisch Relevanten verhindert das „Nachdenken über" in einer hiermit immerhin angedeuteten konzeptionellen Ebene (in der die Entscheidungen zur eigenen ästhetischen Praxis sich zu legitimieren haben) und in einer jeweils sach- und situationsbezogenen Ebene. Um die Darstellung (nur) letzterer geht es im folgenden.

Die Grundlage zur Kenntnis nehmen

Nachdenken über die Musik in diesem Spiel setzt voraus, dass man sich mit Stück und Musik vertraut gemacht hat. Im folgenden wird als Reflex eigener Aneignung der Inhalt in der Szenenfolge des Stückes wiedergegeben. Zahlen am linken Rand bezeichnen Akt und Szene; Notizen am rechten Rand betreffen die vorliegende Musik von Kreutzer.

Dass der Inhalt hier einigermaßen ausführlich wiedergegeben wird, hat seinen *pädagogischen* Grund: „Nachdenken über" setzt die Investition einer Vorstellung von der Geschichte als *Spiel* voraus, um dem, was als Text und Musik vor uns liegt, Sinn beizumessen. Als solche Investition dient Erzählen. Es fungiert (im pädagogischen Zusammenhang) als nicht-erklärendes „Einführen in", das – je ausführlicher und plastischer, umso besser – in seiner Weise perspektivisch jene Ebenen mit aufschließt, die eigentlich erst die Teilhabe an der Realisation eröffnen. Das Aufschließen solcher Vorstellungsebenen ist die Voraussetzung, mit dem Text spielend umzugehen, den Text in (eigene) Aktion zu übertragen.

Hauptpersonen sind: die Fee Cheristane (die sowohl in ihrer Feengestalt wie als Bauernmädchen auftritt); Julius von Flottwell, ein reicher Edelmann (der Verschwender); Wolf, sein (schurkischer) Kammerdiener; Valentin, ursprünglich Tischler und jetzt sein Bedienter; Rosa, Kammermädchen (und Geliebte des Valentin); schließlich ein Bettler (den der dienstbare Geist Azur „spielt"). Nebenfiguren sind u. a. der Präsident Klugheim und dessen Tochter Amalie, die Geliebte Flottwells im II. Akt. Zu den Nebenfiguren zählen Freunde und Gäste Flottwells – sie bevölkern die Bühne in den Szenen, in denen die Originalmusik einen Chor vorschreibt –, zwei Baumeister sowie zahlreiche Bedienstete u. a. m.

Skizze des Handlungsablaufs:

Der erste Akt führt den reichen Julius von Flottwell am Ende seines Heranwachsens vor: Alles ist ihm bisher zum (materiellen) Glück ausgeschlagen. Er hat ein erfolgreiches Leben eines edlen reichen (und leidenschaftlichen) Mannes vor sich. Da geschieht der Bruch: an der Schwelle zum endgültig Erwachsenen verlässt ihn sein Glück.

Ouvertüre

I/1   Auf Flottwells Schloss. Nach einem Einleitungschor, der sie in ihrer Tätigkeit vorstellt, unterhalten sich Diener über die unmittelbare Situation im Schloss des reichen Flottwell nach einem - wie üblich - langen Abend mit vielen Gästen und viel verspieltem Geld ihres Herrn. Während Jagdhörner im Hof ertönen, erfahren wir aus der Dienerperspektive etwas über den spielbestimmenden Charakter der Hauptfiguren, des reichen Flottwell und seines intriganten (und in die eigene Tasche wirtschaftenden) Kammerdieners Wolf.

[1] „Introduction" und „Chor der Bedienten": *Hurtig! Hurtig! Macht doch weiter!*

attacca: Jagd-Fanfaren

/2   Schließlich kommt letzterer selbst dazu und vermittelt ein anschauliches Bild seiner scheinheiligen Moral.

/3
/4
+/5   Sein Empfang zweier konkurrierender möglicher Baumeister eines geplanten neuen Flottwellschen Schlosses demonstriert seine Fähigkeit, das Wohl seines Herrn im Munde und das eigene (pekuniäre) Wohl im Sinn zu haben.

/6   Valentin, von Haus aus Tischler und als Diener bereits vorher als etwas einfältig avisiert, kehrt von einem Botengang zurück. Seine Dienerexistenz im Liede glorifizierend und danach über die momentane Situation (schweifend) räsonierend, führt er sich ein: Er hat einer Sängerin das (nach einem Flottwellschen Fest fällige) Honorar überbringen müssen und gerät ins Schwärmen über deren (Trinkgeld und) Lächeln. Dieses erhascht Rosa, Dienerin im Schloss und seine Braut. In einem die Charaktere kennzeichnenden pointenreichen Dialog stellt sie die gemeinsame Zukunft in Frage. Die Diskussion um ihre Wahl eines Zukünftigen mündet unmittelbar in dialogisierenden Gesang, an deren Ende Rosa einsieht, dass der Tischler doch die beste Wahl für sie ist.

[2] „Arie" = Auftrittslied des Valentin: *Heißa lustig ohne Sorgen*

[3] „Duetto" Rosa / Valentin: *Ich nehme einen Schlosser mir, das ist der beste Mann* (11 Strophen)

/7
/8   Flottwells Gäste und der Kammerdiener treten auf, darunter der französisierende Dumont als „Liebhaber der Natur", schließlich Flottwell selbst.

/9   In einer Unterhaltung über Träume deutet Flott-

Jagdfanfaren aus dem Schlosshof

well einen Traum von einem „Rendezvouz fürs ganze Leben" an. Im übrigen charakterisiert ihn seine Konversation mit den Gästen als einen „guten" Reichen, durchaus selbstlos, aber inkonsequent in seinem Handeln, unausgeglichen und widersprüchlich.

Schließlich bricht die Gesellschaft zur Jagd auf.

/ 10 „…unter rauschender Musik VERWANDLUNG in eine goldene Feenhalle…" Cheristane, mit goldenem Buch und Zauberstab, auf dem Haupt eine Krone, an der nur (noch) ein Zacken eine blaue Perle trägt, kündet das Ende ihres Erdenaufenthalts an. Die letzte ihrer verbliebenen Perlen opfernd, zaubert sie einen dienstbaren Geist herbei. Zauberhandlung und Erscheinen des Geistes geschehen mit Musik. Azur, der Geist, erhält den Auftrag, als Flottwells Schutzgeist zu wirken. Während er aus dem Buch des Schicksals lesend (mit „eine(r) zitternde(n) Musik darunter"), seine Ohnmacht gegenüber Flottwell feststellt, beschwört ihn Cheristane, mittels ihres Zauberbuches eine List zu finden, damit sie getröstet nach ihrer Heimat ziehen könne. Azur verspricht es und tritt ab.

/ 11 „Unter klagender Musik VERWANDLUNG in einen kurzen Wald…" Jäger, zur Jagdgesellschaft Flottwells gehörend, stimmen einen Chor auf die Jagd an und ziehen weiter.

Valentin kommt aus einem Gesträuch, räsoniert über das Jagen und geht in ein entsprechendes Lied über die Unsinnigkeit des Jagens über.

/ 12 VERWANDLUNG. „…reizende Gegend… von lieblichen Gebirgen eingeschlossen", mit Ausblick auf einen See. Cheristane erwartet Flottwell. Dazu verwandelt sie sich nochmals „in ein liebliches Bauernmädchen", als das sie Flottwell bisher entgegengetreten war. Ebenso verwandelt sich die Umgebung in eine blumengeschmückte Palmen-
/ 13 landschaft. („Kurze Musik"). Flottwell tritt auf und eröffnet ihr, dass er sie nun mit auf sein

[Marginalien:]

„Hörner ertönen" (Jagd-Fanfaren)

[4] Melodram

(„Musik")

[5] „Jägerchor": *Gilts, die Wälder zu durchstreifen*

[6] (o.T.) Valentin: *Wie sich doch die reichen Herren*

[7] „Finale und Melodram"

Schloss nehmen möchte, um sie zu heiraten. Cheristane kündigt ihm aber an, dass er sie heute zum letztenmal sehen werde. Ein roter Adler und Nebelgestalten mahnen („Musik") Cheristane zur Heimkehr in das Feenreich. Schließlich erklärt sie Flottwell den auf sein Glück bezogenen Sinn ihres Erdendaseins. Sie bekennt, dass auch sie „(ihr) höchstes Glück in (s)einer Lieb gefunden". Als Flottwell ihr sein Leben anbietet, um mit ihr zu sein, erbittet sie sich ein Jahr aus seinem Leben. Dann – bei „wehmütige(r) Musik" – verwandelt sich Cheristane in eine Nymphe, die Gegend wird wieder zur Felsenlandschaft, die Blumen werden zu Genien, die trauernd zu Cheristanes Füßen sinken. „Die Zeit ist da!..." („Musik"); Cheristane bedankt sich für Flottwells Treue. Sie geht - so die ausführlichen Regieanweisungen –„in die Kulisse... Musik beginnt. Cheristane fliegt auf Rosenschleiern, die ein geschwelltes Segel formen, von Genien... umgeben,... langsam... über den See..."

Drei Jahre später

<table>
<tr><td>II/1</td><td>Der II. Aufzug beginnt mit einer Szene, die Einblick gewährt darein, dass sich am Leben Flottwells äußerlich scheinbar nichts geändert hat. Im Gegenteil: Aus Flottwells neu erbautem Schloss tönt noch am Morgen Festjubel durch die geöffneten Fenster, in denen Gäste lehnen,. Gleichzeitig kündigt sich eine neue eigene Nebenkonstellation an: da ist ein Bettler, immer wieder überraschend gegenwärtig. Jetzt sitzt er auf der Schlosstreppe in der Morgensonne und beantwortet die Trinkstrophen der Gäste mit denen seines Bittliedes.</td><td>[8] „Introduction et Chor"
„Lied und Chor": *Lasst brausen im Becher den perlenden Wein;*
darin Strophen des Bettlers: *Oh, hört des armen Mannes Bitte*</td></tr>
</table>

Valentin und Rosa kommen aus dem Garten, in einen Streit um den Kammerdiener verwickelt, der angeblich Rosa „zu seiner Kammerdienerin machen" möchte. Im Bereden erläutern sie die Situation: Flottwell liebt Amalie; deren Vater, Präsident von Klugheim, will die Hand seiner Tochter jedoch dem Baron Flitterstein geben, nicht einem Mann, dessen Aufwand befürchten lässt, zu Grunde zu gehen.

/2   Nach einem Zank mit seinem Haushofmeister, der
       Bedenken gegen die immer aufwendigeren Unter-
       nehmungen andeutet, überschlägt Flottwell seine
/3   Situation. Er sieht den Bettler sitzen, „der nach-
       denklich mit seinem Stabe in den Sand schreibt".
       Von Flottwell angesprochen, erklärt dieser, er be-
       traure den Verlust des Goldes, das er einst beses-
       sen habe. Als Flottwell ihm ein Goldstück hin-
       wirft, erbittet er mehr, auch ein zweites Goldstück
       besänftigt ihn nicht. Flottwell, den die Anwesen-
       heit des Bettlers beunruhigt, vertröstet ihn auf den
       nächsten Tag und schickt ihn weg.

       Ein Diener überbringt einen Brief von Amalie; er
       enthält deren Einverständnis, mit Flottwell zu
       fliehen, falls ihr Vater sich nicht umstimmen lässt.
       In seiner Freude ruft Flottwell den Bettler zurück
       und wirft ihm alles Gold in den Hut, das er bei
       sich hat.

Zwischenbemerkung: Damit ist eine Folge von Einzelszenen eröffnet, die
nicht nur – u.a. aus der Dienerperspektive – Auskunft gibt über die Entwicklung der Situation des Flottwell, sondern auch die Art des Lebensvoll-
zuges auf dem Schloss als sprunghaft und gehetzt verdeutlicht, als nicht
aufeinander abgestimmt, als in Unordnung und schließlich als ein falsches
Verhalten aller. Die Situationen reihen sich selbst zu einem dramatischen
Kaleidoskop, um in ein neues Tableau zu münden, in welchem sich die
Ereignisse zu einer unumkehrbaren Entscheidung zuspitzen. Aber auch
dieses ist nur Durchgang: die Verhältnisse in der Dienerschaft wie im Leben Flottwells haben ihre eigene Dynamik gewonnen, der sich die Figuren
unterordnen müssen. Der Lebensbereich zerfällt.

/4+5   Einer der Gäste Flottwells, der Naturbewunderer
       Dumont, begegnet einem alten, von schwerer Ar-
       beit gekennzeichneten Weib, das eine Hucke Holz
       auf dem Rücken ins Gebirge hinauf nach Hause
       trägt. Sein ästhetizistisches Genießen, das alles
       ausblendet, was das „Bild" stören könnte, vermag
       den sog. einfachen Menschen nur als malerische
       Figur anzusehen, die die Landschaft belebt; diese
       Haltung bestätigt er sich in einem Dialog derb
       komischer Missverständnisse.

17

/6 Als Rosa (mit Kaffeegeschirr) vorbeikommt, möchte er seinen Genuss der Natur auf handgreifliche Art auch auf sie ausdehnen. Ihr Schrei lässt Flottwell und den Kammerdiener Wolf herbeieilen. Und als Rosa, von den Vorhaltungen Wolfs erbost, eben ansetzt, Flottwell über seinen Kam-
/7 merdiener aufzuklären, meldet Valentin den Juwelier: Flottwell und Wolf eilen fort, und Rosa kann ihren Zorn nur an Valentin auslassen.

/8 Im Kabinett nimmt Flottwell den als Geschenk für Amalie bestellten Schmuck entgegen. Aber, die Ausführung enttäuscht ihn. Im Wortwechsel mit dem Juwelier wirft er den Schmuck erzürnt aus dem Fenster, wo der Bettler ihn – ein Danklied singend – aufhebt. Obwohl der Schmuck nicht mehr gefunden werden kann, bekommt der Juwelier sein Geld und Flottwell bedauert sein jähzorniges Verhalten. Als er alleine ist, tönen von Ferne die letzten Verse des Bettlers. Als Flottwell erstaunt auffährt, tritt Wolf ein. Dieser benützt die Gelegenheit, den Verdacht, den Schmuck genommen zu haben, auf Rosa zu lenken. In der Anregung, Amalie statt des verlorenen Schmucks nun eine kürzlich erworbene kostbare Vase zu verehren, wird deutlich, dass Wolf seine eigennützige Politik inzwischen als Mithilfe zum Untergang seines Herrn betreibt.

[9] „Lied des Bettlers": *Habt Dank, habt Dank, ihr guten Leute* („Lied des Bettlers": *Mein Herz ist stets*)

/9 Präsident Klugheim und Amalie in einem Raum
/10 des Schlosses. Amalie ist erregt. Flottwell kommt hinzu. Der höfliche Wortwechsel überbrückt nur schwer den verabredeten Kompromiss: der Präsident hat die Einladung Flottwells unter der Bedingung angenommen, dass dieser eine irgendwie geartete Beziehung zu Amalie als nicht existent betrachtet. Als Baron Flitterstein, Amalies zukünftiger Bräutigam, eintritt, begibt man sich zum Fest.

/11 Der Chor (der Gäste) eröffnet die Szene. „Tänzer und Tänzerinnen im spanischen Kostüm führen einen reizenden Tanz aus..." Schließlich lässt Wolf die geschmückte Vase hereintragen - zu früh, wie Flottwell bemerkt. Alle bewundern sie, Flottwell muss nun handeln. Er trägt Amalie die Vase an, ihr Vater weist diese als zu kostbar zurück. Im

[10] „Chor und Tanz": *Froh entzückte Gäste wallen*

erregten Wortwechsel schenkt Flottwell die Vase seinem Kammerdiener. „Welch ein Tollsinn!". Um die Stimmung zu retten, lässt Flottwell nun vorher verhängte Fenster öffnen; die vortreffliche Aussicht soll die Gäste überraschen. „Er klatscht in die Hand; Musik setzt ein; ein liebliches Tal im Abendrot wird sichtbar". Doch im Vordergrund – nur für Flottwell sichtbar – sitzt der Bettler. Während der Chor der Gäste die Schönheit der Landschaft besingt, erhebt auch der Bettler wieder seine warnende Stimme. Flottwell weist Wolf an, den Bettler fortzujagen. Da niemand einen Bettler gewahrt, hält man Flottwell für verwirrt. Amalie fällt in Ohnmacht, Flottwell stürzt ihr zu Füßen, Flitterstein, ihr inzwischen offiziell Verlobter, reißt ihn zurück: die Sache endet im Duell. Während ein Teil der Gäste den Duellanten nacheilt, gehen die anderen mit Wolf und Klugheim ab.

[11] „Lied und Chor": *O seht doch,* mit Strophe des Bettlers: *Nicht Sternenglanz...*

[o. Nr.] „Tanz"

/ 12 Während dessen zankt Rosa mit Valentin, der unbedingt am Geschehen teilhaben will. Rosa zwingt ihn, sich ihrer Kränkungen anzunehmen. Beide beschließen, das Haus zu verlassen. Doch vorher will Valentin noch den Kammerdiener „in die Arbeit nehmen". Als der Kellermeister vorbeieilt, versteht er dies als Wink des Schicksals und eilt ihm nach, um sich - wie Rosa resignierend feststellt – „ein Spitzel an(zu)trinken".

/ 13 Flottwell, nachdem er Klugheim zu dem verwun-
/ 14 deten Flitterstein hat rufen lassen, verabredet mit
/ 15 Amalie für die kommende Nacht die Flucht nach England. Nun ist er auf Hilfe aus Treue angewiesen, vor allem auf die Hilfe Wolfs, der alles für die Flucht vorbereiten und ihn auf dieser begleiten
/ 16 soll. Wolf, scheinheilig unterwürfig, hat längst beschlossen, nun sein (eigenes) „Schifflein in den
/ 17 Hafen (zu) lenken". Als Valentin, betrunken und mit Tischlerrock, Paraplui und Felleisen bestückt, hereintritt, um sich von Wolf gehörig zu verabschieden, eilt die ebenfalls „zum Fortwandern gerüstete" Rosa herbei und versucht ihn abzuhalten. Der Chor der herbeigerufenen Diener und Strophen Rosas und Valentins beenden die Szene.

[12] „Chor der Bedienten": *Fort, nur fort! Packt euch hinaus*

/18 „VERWANDLUNG. Musik. Das Innere einer ganz [13] „Melodram"
verfallenen gotischen Kapelle..." Es ist Nacht.
Flottwell trifft am verabredeten Treffpunkt ein.
Ein Gewitter zieht auf. Plötzlich bemerkt er in einer Ecke den Bettler. Er versucht ihn loszuwerden,
mit Abweisung, dann mit einem Beutel Gold,
schließlich mit dem Degen. Vergeblich. Doch
schließlich muss der Bettler ohne das Erflehte wei-
chen.

/19 Amalie eilt herbei. Sie hat keine Dienerin zur Mit-
flucht bewegen können. So will auch Flottwell
nicht mehr auf Wolf warten. Beide machen sich
zur Schifferhütte auf, wo die Schiffer Max und
Thomas ihren Kahn gerade ans Ufer ziehen, um
ihn vor dem Unwetter zu schützen. Trotz Verab-
redung weigern sie sich, Flottwell und Amalie
überzusetzen. Erst eine zusätzliche hohe Summe
stimmt sie um. „Sie gehen alle vier nach dem
Schiff. Musik beginnt... Das Gewitter wütet. Es
schlägt ein. Dies drückt die Musik aus... Doch
plötzlich lässt der Sturm nach... Der Mond wird
zur Hälfte zwischen den Wolken sichtbar und
wirft seinen Schein auf den BETTLER, welcher auf
einem kleinen... Kahn mit einem vom Sturme zer-
rissenen Segel gebeugt sitzend sachte vorbeifährt.
Die Musik spielt die Melodie seines Bettlerliedes..."

Es sind zwanzig Jahre vergangen.

III/1 Flottwell, vor seinem ehemaligen Schloss, ganz [14] „Entre-Act"
aussehend wie der Bettler, „sitzt... an demselben
Platz, wo der Bettler saß. Wenn die Eingangsmusik, welche bei der Eröffnung der Bühne noch
mehrere Takte fortdauert, geendet ist, steht er
auf". „So seh ich dich nach zwanzig Jahren wieder, du stolzer Freudentempel meines sommerli-
chen Lebens...", beginnt er das Be-denken seiner
Situation. Er ist mittellos, hat „Gattin, Kind und all
mein Gut durch eigne Schuld verloren"; auch der
Präsident und Flitterstein sind nicht mehr. Seine
ehemaligen Freunde wollen ihn nicht mehr ken-
nen. So will er nun versuchen, zuletzt den Besitzer
/2 „seines" Schlosses zu rühren. Ein Gärtner klärt ihn

über letzteren auf: es ist ein Herr von Wolf, Flottwells ehemaliger Kammerdiener. „Den Flottwell
hat er tüchtig übers Ohr gehauen. Da kommt sein
Reichtum her. Der war so dumm und hat ihn noch
dafür beschenkt."
Die Frage, ob Herr von Wolf „im Besitze un-
gerechten Gutes glücklich" sei, beantwortet dieser
/3   selbst durch sein Erscheinen: gealtert, gebrechlich,
von Dienern geführt. Flottwell fühlt sich plötzlich
„reich" ihm gegenüber. Im Gespräch mit ihm erkennt er: von einem solchen Mann hat er nichts
mehr zu fordern. Doch eines scheint ihm wichtig:
„Ist er geliebt?", fragt er schließlich einen der Diener. „Er ist ein geiziger Filz, den niemand leiden
kann, und in einigen Wochen wirds wohl mit ihm
zu Ende gehn."

/4   Flottwell sinniert; die Ruine seines alten Schlosses
in der Ferne erscheint ihm als Sinnbild seines zu-
sammengstürzten Glücks. Da kommt der Tischler
Valentin daher; auf dem Weg, eine Tür im Wirtshaus zu reparieren, sieht er den armen Mann und
will ihm spontan einen Groschen schenken. Da
erkennt er – seinen „gnädigen Herrn". Flottwell ist
erstaunt: „Und du erinnerst dich noch meiner?"
fragt er. Doch für Valentin ist Flottwell der, der
gut zu ihm war und ihn (früher einmal) beschenkt
hat, einer, wie er später betont, dem er Dank
schuldet dafür, dass er heute zufrieden leben
kann. Schließlich, nach beiderseits missverständli-
chem Zögern, lädt er Flottwell zu einer „Haus-
mannskost", dann gleich zum Wohnen bei ihm
ein. Endlich lässt er seine Arbeit Arbeit sein und
nimmt ihn mit sich nach Hause.   [15] ohne Titel

       [Verwandlung]

/5   Zu Hause, in der Tischlerwerkstatt, veranstalten
       die fünf Kinder Valentins ein ziemliches Drunter
/6   und Drüber. Als Valentin Flottwell hereinführt,
       müssen die Kinder ihn artig begrüßen. Im Ge-
       spräch zwischen beiden berichtet Flottwell nun
       Genaueres über sein Leben und seinen Leichtsinn
       bis zum Verlust seines gesamten Vermögens.
       Nachdem der Herr in die gute Stube gebeten
       wurde und die Kinder mit Aufträgen, u.a. die
       Mutter nach Hause zu holen, weggeschickt sind,

21

macht sich Valentin auf, endlich die Tür im Wirtshaus wieder herzustellen. Davor macht er sich so seine Gedanken über das menschliche Glück und über die Rolle des Schicksals, das alles schließlich gleichhobelt.

/7 Flottwell tritt in die leere Tischlerstube heraus, in der Hand sein Bild, das er in der guten Stube hängen sah und das Valentin einst bei der Versteigerung des Flottwellschen Besitzes erstanden hatte. Die Kinder entdecken darauf sein Geburtsdatum und gratulieren ihm zu seinem heutigen fünfzig-

/8 sten Geburtstag. Als Rosa kommt, inzwischen Valentins Frau und Mutter seiner fünf Kinder, und vom Sohn Hans erfährt, dass der Vater Flottwell zum Wohnen ins Haus eingeladen hat, wird sie zornig. Wohl hat sie die Unterstellung von einst, Schmuck entwendet zu haben, nicht vergessen. Aber sie ist realistisch denkende Hausfrau, die sofort erkennt, dass ihre Verhältnisse einen zusätzlichen Kostgänger nicht erlauben. Etwas boshaft, dann aber sachlich bestimmt, lädt sie Flottwell ein, sich nur umzuschauen, um selbst zu erkennen, dass sie „in Ihrem Dienst (hat) nicht so viel erwirtschaften können als wie gewisse Personen, die sich ein Schloss davon gekauft haben", und auch, um zu erkennen, dass sie nicht einen Mann erhalten könnten, „dem wir nichts zu danken haben als unsern richtigen Lohn". Doch Flottwell hat seine Lektion noch nicht ganz gelernt: erstaunt und empört darüber, dass man ihm, dem guten Menschen von einst und jenem Flottwell, der nun bereit und in der Lage ist, selbst dankbar zu sein, so entgegentritt, verlässt er das Haus.

/9 Als Valentin zurückkommt, findet er Flottwell nicht mehr vor. Erzürnt über ihr Handeln, stellt er Rosa vor die Alternative, entweder den „gnädigen Herrn im Haus (zu) behalten, oder ich geh auch fort". Um dies zu verdeutlichen, lässt er die Buben alle Werkzeuge einsammeln, um sich mit ihnen zum Auszug fertigzumachen. Schließlich gibt Rosa nach; und sie willigt ein, Flottwell ins Haus aufzunehmen.

[16] o.T. = Lied des Valentin: *Da streiten sich die Leut herum*

/10 VERWANDLUNG. Inzwischen ist Flottwell auf den Ruinen seines alten Schlosses angelangt. In einem Monolog, mit sich allein, erkennt er, dass er nichts zu beweinen hat, als seine eigene Schuld an seinem Unglück; und er schließt mit seinem Leben ab: „O Tod, du bist mein einzger Trost. Ich hab ja keinen Freund –„. „Als mich!", ertönt es da; der Bettler tritt hervor. Nun klärt er Flottwell auf über seine Aufgabe, für ihn, als dessen eigenes fünfzigstes Lebensjahr, zu sammeln, auf diesen Augenblick hin. Und er gibt ihm das Gesammelte zurück, ein Kästchen voll Gold und Schmuck; was Flottwell einst dem Armen gab, hat er selber sich gegeben.

Als der Bettler versinkt, erscheint Cheristane auf Wolken, von Genien umgeben. Sie verdeutlicht Flottwell, dass sie (in ihrer eigenen Ohnmacht, ihn zu erretten) jenen Bettler geschaffen habe, der für sie erfüllte, was ihre Treue Flottwell einst gelobt habe. Sie vertröstet ihn auf ein Wiedersehen nach seinem kurzen Erdenlos und „fliegt unter klagender Musik ab".

/11 Die Ruinenlandschaft wie vorher. Valentin, Rosa, ihre Kinder, Nachbarn und Bauersleute strömen herauf. Rosa entschuldigt sich für ihr Verhalten. Doch Flottwell hat schon verziehen und freut sich, nun seinerseits Valentin und Rosa in sein Haus nehmen und für die Erziehung ihrer Kinder sorgen zu können.

Ein malerisches Tableau mit Schlussgesang aller beschließt Szene und Stück.

[17] o.T. = Melodram

[18] „Schlussgesang" (Valentin, Rosa und Chor): *Wie sind wir doch glücklich*

Reflexionen über das Theater Raimunds

Ferdinand Raimund, Schubert- und Grillparzer-Zeitgenosse, lebte von 1790 bis 1836 vorwiegend in Wien.[2] Er war Schauspieler, der den Impuls zum Theater durch leidenschaftliche Teilnahme an ihm als (jugendlicher) Besucher vor allem des Burgtheaters entwickelte und der sein Metier – nach einer abgebrochenen Zuckerbäckerlehre – durch Arbeit an sich selbst unmittelbar in der Praxis des österreichischen Provinztheaters erlernte, wo er buchstäblich alles spielte, auch in Opern mitwirkte, wo er aber auch für ein Theater des Ensembles und des Miteinanders (mit Extempores und Benefizvorstellungen) und für ein Theater mit dem Publikum geformt wurde.

Als Raimund 1814 nach Wien zurückkehrte, am Theater in der Josefstadt begann und 1817 ans Theater in der Leopoldstadt wechselte, da erlebte er relativ schnell nicht nur seinen „Durchbruch" als Vergegenwärtigung einiger damals zentralen komischen Charakterfiguren des Wiener Volkstheaters – genannt werden u. a. der „Adam Kratzerl" im J. A. Gleichs *Die Musikanten am Hohen Markt* –, sondern er entwickelte auch Stufe für Stufe aus dem Kopieren verinnerlichter Vorbilder heraus sein Spielen der Glaubwürdigkeit seiner Figuren, der hohen Extemporierkunst, des Ansprechens des Publikums und nicht zuletzt der Selbstironie. Dass diese Entwicklung in Regietätigkeit und schließlich (ab 1823/24) im Schreiben eigener Stücke sich fortsetzte, bedeutet, dass Raimund sein *Spielen* immer umfassender als *eigenes* erstellte, in das er nun, erstmals in *Der Diamant des Geisterkönigs*, auch seine eigene Persönlichkeit und Vorstellungswelt einbrachte. Von da an vermittelte Raimund in seinen Stücken (und vielleicht besonders im *Verschwender*), einfach gesagt, etwas ihm Wesentliches, Substanzielles, in auf die vorhandenen Schauspieler hin berechneten Rollen. Sie zusammen „machen" in der Tradition dieses Theaters jeweils das Stück als „Spiel", wobei Raimund sich (ebenfalls herkömmlicherweise) stets mitdenkt: Raimund *macht sich* - im *Verschwender* als Valentin - *und sie* in gleichsam noch fast barocker Weise *spielen*.

---

[2] Zur Biographie vgl.: Renate Wagner, *Ferdinand Raimund. Eine Biographie*, Wien 1987.

Den Rahmen für solches Spielen, der ihm a priori Sinn zugesteht, liefert zwar vordergründig die Spielstätte Theater. Theater aber ist ja nur eine der zeitgemäß institutionalisierten Formen bürgerlicher *Begegnung*, des freiwilligen Zusammenfindens partiell gleichgesinnter Menschen (ohne präformierende soziale Bindung), das sich seine Inhaltlichkeit im Prinzip selbst stiftet und durch den Dichter formulieren lässt. Während Theater sich uns heute oft auf die Beziehung zwischen einer tendenziell einsamen künstlerischen Schöpfung und der Aufnahme durch den Einzelnen reduziert, während uns also das Zusammenkommen von Menschen (nur) als *Folge* der Einzelinteressen an der Aufführung und Rezeption eines Stückes erscheint, bedeutet Begegnung umgekehrt für die Zeit der ersten Hälfte des 19. Jahrhunderts noch und gerade deren *Voraussetzung*. Dies führen uns fast idealtypisch die in der Musikliteratur als „Schubertiaden" bezeichneten Zusammenkünfte eines u. a. Intellektuelle und Künstler umfassenden Freundeskreises (in Wien) vor: in ihnen bildete das Miteinander von partiell gleichgesinnten Menschen den *Anlass* zur künstlerischen Produktion (z. B. für Schubert, mit dem Sänger Vogl seine neuesten Lieder vorzustellen). Das Zusammenkommen von Aufnehmenden und Ausführenden (aber auch von Aufnehmenden untereinander) konstituiert auch im Theater der Zeit noch ein gleichsam präexistentes *Wir*, auf das auch Raimunds künstlerisches Handeln bezogen scheint.[3]

Spielen ist also immer auch eines *mit* dem Publikum (im Sinne latenter Einbeziehung): es ist darauf aus, aus einer Art Vor- und Einverständnis mit ihm sich virtuos der Mittel dieses Theaters (auch in Selbstironie) zu bedienen, um den Zuschauer/ -hörer in einer zwar noch *unmittelbaren* aber nichtsdestotrotz gleichsam *aufgeklärten* Weise an ihm teilhaben zu lassen. Alle Berichte über Raimunds auf Perfektion zielende Probenbesessenheit, über sein beständiges Kämpfen um Szenen resp. Stücke ernsteren Charakters und über seine großen Erfolge in seinen Stücken gerade dort (München, Hamburg, Berlin), wo diese vorher, nicht von ihm inszeniert und gespielt, auf Unverständnis gestoßen waren, weisen darauf hin, dass Raimund ein Theater meint, in welchem noch *dem Prozess Spielen* eine zentrale Stellung eingeräumt ist, einem Spielen freilich, dem er eine durch und über die beiderseitige Teilhabe hinausweisende Inhaltlichkeit zu verleihen bemüht ist.

---

[3] Zu den „Schubertiaden" vergleiche man die in der Musikliteratur oft wiedergegebenen Bilddokumente Moritz von Schwinds, die die angedeutete Einheit vielleicht verklären aber sicher nicht erfinden. Desgleichen konnte es zur Zeit der Uraufführung des *Verschwenders* noch üblich sein, dass im Konzert der Dirigent inmitten seiner Orchestermusiker mit dem Gesicht zum Publikum gewandt dirigierte, - deutliches Zeichen für die noch *wirksame Grundsituation der Begegnung zwischen Menschen* und nicht einseitig zwischen Menschen und einem sog. Kunstwerk.

Halten wir dies als *erstes* Kennzeichen fest: *Der Verschwender*, Raimunds letztes, im Herbst 1833 entstandenes Stück, verkörpert (für mich) eine zeitgemäß mögliche Annäherung an die *Idee eines substanziell erfüllten Spielens mit dem Publikum*.[4] Zentrale Bedeutung im Spielen kommt dem körperlichen Spielen zu, der *Körpersprache*, der Verwandlungskunst, von der u. a. der Freund und Verehrer Raimunds, der Burgschauspieler Costenoble, wiederholt berichtet.[5] Das körperliche *So-in-der-Welt-Sein* tätigt die Vermittlung zeitgemäßer und lokaler Reflexivität („Weltsicht") in ein naives Beteiligtsein des Mit- und Nachfühlens. Es basiert auf einem (noch) persönlichen Verhältnis des Schauspielers (und Dichters) zur „Gemeinde" seiner Zuschauer / -hörer.

Gemäß literaturgeschichtlichem Gemeinplatz verkörpert Raimund (zusammen mit dem ihm folgenden, aber mit einem eher sozialkritischen Selbstverständnis arbeitenden Nestroy) einen späten Höhepunkt einer Theatertradition der (Wiener) Komödie. Diese galt herkömmlicherweise einem Volkstheater des *Improvisierens* mit typischen „lokalen" Figuren, u. a. des „Hanswurst" oder „Kasperl".

Dieses Theater, offensichtlich von Anfang an auch mit Musik verbunden, hatte fließende Übergänge zur Oper (Singspiel). Man vergegenwärtige sich in diesem Zusammenhang die von A. C. Dies überlieferte Begegnung des jungen Haydn mit dem Volksschauspieler Felix von Kurz, genannt Bernardon, kurz nach 1750[6]:

> »Haydn musste dem Kurz in die Wohnung folgen „Setzen Sie sich zum Flügel, und begleiten Sie die Pantomime, die ich Ihnen vormachen werde, mit einer anpassenden Musik. Stellen Sie sich vor, Bernardon sey ins Wasser gefallen, und suchte sich durch Schwimmen zu retten." Nun ruft er seinen Bedienten, wirft sich mit dem Bauche quer über einen Sessel; lässt den Stuhl von dem Bedienten, im Zimmer hin und her ziehen, und bewegt sich, während Haydn in 6/8 Tackt das Spiel der Wellen, und das Schwimmen ausdrückt, mit Armen und Beinen wie ein Schwimmender. Plötzlich springt Bernardon auf, umarmt Haydn, und ersticket ihn beynahe mit Küssen. „Haydn, Sie sind

---

[4] Um alle Missverständnisse auszuschließen: „Spielen mit" meint hier vor allem soziale Einbeziehung und nicht Instrumentalisierung im Sinne entmündigender ‚Anmache'.

[5] Vgl.: Anton Bauer, *Das Theater in der Josefstadt*, Wien 1957; und: Carl Ludwig Costenoble, *Aus dem Burgtheater. Tagebuchblätter*, Wien 1889.

[6] A. C. Dies, *Biographische Nachrichten von Joseph Haydn*, Wien 1810 (= Berlin 1959), S. 41. Zit. n. Manfred Huss, *Joseph Haydn. Klassiker zwischen Barock und Biedermeier*, Eisenstadt 1984, S. 26.

ein Mann für mich! Sie müssen mir eine Oper schreiben!" So entstand der *Krumme Teufel*; Haydn erhielt 25 Dukaten dafür...«

Die Schilderung beleuchtet ein bestimmtes Selbstverständnis von Musik in diesem Typus von Theater als unmittelbar mit dem Spielen verknüpft.[7]

Dieses Theater verlor um die Jahrhundertmitte durch die Zensurgesetze notwendig seinen improvisatorischen Charakter; es führte aber als (zusätzliche) Handlungswelt die sog. *Zauberwelt* ein, was sich in mehreren Zauberspielwellen niederschlug. Im späten 18. Jahrhundert wurde es das Theater vorwiegend der Bühnen in den Wiener Vorstädten, das Theater z. B. Emanuel Schikaneders (für den und mit dem Mozart die *Zauberflöte* schrieb). Als k.u.k. privilegierte Institutionen repräsentierten die Theater „an der Wieden (bzw. Wien)", „in der Leopoldstadt" und „in der Josefstadt" nicht nur eine Art legitimes Amüsement außerhalb der Mauern; ihre Lage vor den Basteien verlieh ihnen auch kritische Distanz – sichtbar u. a. am oft parodistischen Verhältnis zu den beiden innerstädtischen Theatern am Burgtor (Schauspiel) und am Kärntnertor (Oper), – sowie ein größeres Maß an innerer Freiheit. Deren Niederschlag waren vor allem die Posse, vom Zauberstück (Raimund) bis zur Satire (Nestroy), aber auch die Parodie, ja Travestie. Die Häuser mit für die Zeit betont modernen Theaterbauten[8] waren nach ökonomischen Gesetzen betriebene Spielstätten mit einer charakteristischen und komplizierten *Maschinenausstattung* (als Voraussetzung vor allem von Zauberszenen). Und sie beschäftigten *Orchester* sowie *Kapellmeister*, die in der Regel quasi die Haus-Komponisten waren. Der bekannteste unter ihnen, Wenzel Müller, wirkte vor allem am Leopoldstädter Theater und schrieb für Raimund drei Theater-Musiken, u. a. jene zu *Alpenkönig und Menschenfeind*.

---

[7] Nicht zu übersehen ist die vielfältige Verflechtung von gesprochenem Wort und Musik resp. gesungenem Wort im Theater des 18. Jahrhunderts. Während die eigentliche Oper (als *Opera seria*) in der Jahrhundertmitte noch deutlich (auch) als literarische Gattung fungierte – gedruckt wurden die Texte z. B. Metastasios und als „Werke" z. B. Mozart in Turin zum Geschenk gemacht –, gehörte die Musik in Vertonungen noch eher dem vorübergehenden Aspekt „Ausführung = Realisation der Handlung im Spiel" an. Auch war es selbstverständlicher als heute, Schauspiele (für Realisationen) mit Musik zu versehen. Sowohl Mozart (*Thamos*) als auch Haydn (möglicherweise u. a. zu *Hamlet* und *Götz von Berlichingen*) haben solche Musiken geliefert, von Beethoven, Schubert, C. M. v. Weber und anderen gehören sie noch heute zum (Konzert-)Repertoire. Auch die transalpine Schöpfung „Singspiel", von der die sprachliche Aktion musikalisierenden *Opera buffa* angeregt, vereinte gesprochenes und gesungenes Wort.

[8] Vgl. Friedrich Schreyvogl, *Nachwort*, in: Ferdinand Raimund, *Sämtliche Werke*, München 1960, S. 707ff.

Dies sind auch für den *Verschwender* bedeutungsvolle Rahmenvoraussetzungen. Spielen an diesen Theatern bedeutet ihr *Be-spielen* aus einer Publikumseinbeziehung, gepaart mit bereits ironischer Distanz zur Gesellschaft, vor dem Hintergrund der vielgestaltigen hochentwickelten Kultur der damals drittgrößten Stadt Europas, oder, um ein Nestroy-Wort abzuwandeln: mit Liebe zu den Menschen und kritischer Distanz zu den Leuten. Es bedeutet damit gleichzeitig – und damit wollen wir ein *zweites* Charakteristikum dieses Theaters Raimunds festhalten – das *Hervorkehren der sinnlichen Momente* (als Voraussetzung und Folge der Partizipation der „Gemeinde" der Zuschauer/-hörer) durch selbstverständliches Einbeziehen der (z. B. für ein Stück oft neu zu entwerfenden) technischen und *musikalischen* Möglichkeiten: Musik in diesem Theater war und ist nicht Zusatz; *Musik ist Teil der Spielenvorstellung* bzw. ihrer „sinnlichen" Konkretisierung im einzelnen Stück.[9]

*

In seiner Parodie *Weder Lorbeerbaum noch Bettelstab* lässt (der damals noch junge) Nestroy seinen Dichter *Leicht* (sic!) sprechen: „Bis zum Lorbeer versteig' ich mich nicht. G'fallen sollen meine Sachen, unterhalten, lachen sollen d'Leut', und mir soll die G'schicht' a Geld tragen, dass ich auch lach', das ist der ganze Zweck..." Vieles spricht dafür, dass weder der spätere Nestroy noch Raimund darin wirklich den einzigen Zweck ihres Spielens sahen. Vor allem eines spricht dagegen: *der textliche Befund.* Dort, wo Text *nur* personenbezogene Rollen formulierte, sind die Stücke längst untergegangen.

Tatsächlich gewährt *Der Verschwender* als (noch) erkennbares „Besserungsstück" und als (noch) „Zaubermärchen" der „Schaubühne ohne ideale Ansprüche" das ihr zeitgemäß Zustehende: Handlung als Jetzt- und So-Konkretisierung eines Spiel-Typus, eines gleichsam mechanisch sich erfüllenden Ablaufs aus scheinbar singulär formulierten Beweggründen. „Droben in der Feenwelt", beschreibt Claude David die hier waltende ‚Logik'[10], „wohnen die reinen Tugenden, die dann auf Erden erprobt werden, und

---

[9] Ein besonderes Kennzeichen besonders der Couplets bestand im Hervorrufen und Bestätigen allgemeiner (Vor-)Urteile, im impliziten Reagieren auf Tagesereignisse oder in Anspielungen auf typische Theaterereignisse der Zeit (wie z. B. auf Stücke A. Kotzebues).
[10] Claude David, *Zwischen Romantik und Symbolismus. 1820-1885*, Gütersloh 1966, S. 60.

die wohlwollenden Geister, die hienieden vermittelnd auftreten, weniger um das Laster zu strafen als um es bloßzustellen und dadurch zu heilen."

Genau diese Mechanik aber erscheint im *Verschwender* nicht nur zurückgenommen: ihre Zurücknahme wird selbst *thematisiert*. Nicht eigentlich mehr der Vorgang der Besserung bildet den Hauptinhalt; dargestellt ist vielmehr die *Selbstdynamik des Menschen*, welche ihn selbst – vor der eingestandenen Ohnmacht der Feenwelt – an jenen Punkt treibt, an welchem er, einzig mit sich selbst konfrontiert, seine Besserung nur durch Erkennen seiner selbst erfährt. Nicht (mehr) die Zauberwelt und ihre undurchschaubaren Kräfte können Menschen heilen und bessern; sie können höchstens die äußeren Bedingungen schaffen, damit die (vielleicht nach Vorstellung der Zeit) zu Höherem Berufenen ihre Gaben in *selbstverantworteter* Weise sich und den anderen zum Wohl und Nutzen werden lassen. Raimund lässt Flottwell nicht untergehen, weil dieser – wie der Dichter selber schreibt[11] – „Schmach und[...] empörenden Undank der Menschen" nicht verdient habe; er ist von Anfang an als „edle" Figur angelegt. Vor dem Selbstmord bewahrt ihn aber nicht eigentlich der Eingriff aus der Feenwelt, sondern der am Schluss ganz konkret herbeigeführte Rückgriff auf das Gute, das er bewirkt hat, und das er, weise und bescheiden geworden, nun *in konkreter Beziehung zu bestimmten Menschen* (und d. h. zu Valentin und seiner Familie) bewirken will.

Dass die für dieses Volkstheater typische komische Figur – hier der Valentin – nicht als Hauptfigur, sondern als zugeordnete Dienerfigur erscheint, entspricht durchaus der Tradition. Dass sie aber ihren nur-komischen Charakter (einerseits durch Umformung des in Raimunds Entwürfen ursprünglich arglos vergnügten ehrlichen Jagdburschen Kilian, anderseits) durch charakterliche Entwicklung innerhalb des Stückes überwindet, fügt sich der o. a. Thematisierung an[12]. Aus den typischen „Tugenden" der komischen Figur werden wirkliche Tugenden eines Menschen in der Rolle des Familienvaters, aus „gesundem" Menschenverstand wird Weisheit, aus Mutterwitz Humor, vom Leichtsinn bleibt der spontane Entschluss zur guten Tat, und aus Lebensklugheit wird Zufriedenheit als wesentliche Bedingung menschlichen Glücks.

---

[11] Brief an den Intendanten des Hamburger Stadttheaters; vgl. Rosalinde Gothe, (Einleitung) in: *Raimunds Werke...*, Berlin und Weimar ²1980, S. XXVII, sowie R. Wagner, a.a.O., S. 302 f.

[12] Zur Figur des Valentin vgl. die treffende Beschreibung bei R. Gothe, a. a. O.

Raimunds *Verschwender* lässt sowohl das Besserungsstück wie das Zaubermärchen, sowohl die Parodie wie das Verwandlungsstück hinter sich; Raimund integriert ihre Elemente in eine allegorische Handlung, in ein *Spiel von* der Welt, einer Welt aber – bezogen auf das damalige Wien – hier und jetzt, die genau jene Welt mit durchaus realistischen Zügen zeichnet, in deren Mitte das Theater steht, in der es spielt, und die von jenem ambivalenten Publikum, vom handwerklichen Kleinbürgertum der Vorstadt bis zu den zahlreichen Vertretern des Adels aus den innerstädtischen Palais, bevölkert wird, das an diesem teilhat.[13] Gerade im Vergleich zu Nestroys kurz darauf entstandener Lokalposse *Zu ebener Erde und im ersten Stock*, in der die Welt weitergeht, gerade weil sich alles und damit eigentlich nichts geändert hat, wird Raimunds durchaus als sozialpolitische Utopie zu verstehende, eher idealistisch rückwärts gewandte „Botschaft" deutlich: Seht, sagt Raimund, ich zeige euch eure Welt, wie sie aus dem Lot gerät durch falsches Handeln aus falschem oder bösem Bewusstsein. Ich zeige euch diese Welt aber als zu verändernde, nicht durch Revolution und Verkehrung der Verhältnisse, sondern durch Veränderung des Handelns aus eigener Einsicht, die aus einer *inneren Beziehung zum Nächsten* erwächst. Diese, einfach gesagt, als *konkret verantwortete Großmut* (Flottwells) einerseits und als *Dankbarkeit* (Valentins) anderseits, in der Schlussszene definiert, stellen mögliche grundlegende Bindungen zwischen den Menschen als je von Natur verschiedene her, die gleichwohl deren Fremdheit aufheben, und die die Welt als eine in der gegebenen Ordnung zu harmonisierende vorstellen.

Es ist keine Frage, dass Raimunds Vorwurf zum Theaterspielen also durchaus *auch* „Text" darstellt, hinter dem ein weltanschaulicher Gehalt bestimmend erscheint. Dieser Text ist ein *Spiel von*, nennen wir es ein *Spiel vom begabten Menschen*, wobei „begabt" als aktiver Begriff zur Geltung bringt, dass das, was jemandem von einer höheren Macht gegeben, in ein Leben in Verantwortung für andere umzusetzen sei. Aber: keine Frage auch, dass sein Gehalt sich wesentlich in der prozessualen Darstellung

---

[13] Offensichtlich bedeutete Teilhabe am Theater im damaligen Wien in ähnlicher Weise ein Stück Lebensvollzug wie heute vergleichsweise die Teilhabe am Fernsehen. Sie schloss Konversation über Stücke und Inhalte ebenso ein wie die Teilnahme auch am persönlichen Leben der SchauspielerInnen und eine (unseren Fernsehzeitschriften vergleichbare) Presse. Über die gesellschaftliche Bedeutung des Musik-Theaters im Wien zu Beginn des 19. Jahrhunderts berichtet anschaulich Alice M. Hanson in: *Die zensurierte Muse. Musikleben im Wiener Biedermeier*, Graz 1987, bes. S. 77 ff.

niederschlägt. Darauf weisen u. a. die unterschiedlichen *Zeitverläufe* der Akte: während Akt II die Zeit als vergehende andeutet und damit den Vorgang des Sich-Fremdwerdens vergegenwärtigt, aus dem anderseits die von außen kommende und fremd bleibende Amalie plötzlich auch dramaturgisch sinnvoll erscheint, stellen die Akte I und III Akte des Verweilens dar, gleichsam handlungsmäßig um einen Punkt auseinandergelegte Momentaufnahmen, in denen die Zeit eher still zu stehen scheint. Text - so können wir folgern - stellt ein Spiel dar bzw. vor, das (Schauspieler) spielen machen und gleichzeitig Zuschauer aufnehmen machen, schließlich *begreifen machen* will: Der Ideengehalt des Textes, durch die Darstellung (als Spiel) zur Geltung gebracht, vermittelt sich in der Wirkung des Spielens dem zuhörend „mitspielenden" und *über sich* mit-denkenden, ja sich mit-wandelnden Zuschauer.

Damit erscheinen die drei bisher in ihrer jeweiligen Eigenart angedeuteten Momente, die das Theater Raimunds (gerade im Hinblick auf den *Verschwender*) bestimmen, das *prozessual* vorgängliche Momente des Spielens (mit dem Publikum), das *sinnliche* Moment der Teilhabe von (Bühnentechnik und) Musik an dem Bühnengeschehen und das *inhaltliche* Moment der besonderen funktionalen Verbindung gesellschaftlicher Welt mit den Bühnenwelten dieser Theatertradition (z. B. Zauberwelt), zur Einheit verschränkt, die vielleicht einer gleichsam apriorischen Vorstellung Raimunds von seinem Theater nahekommt: sie ist *sinnliche Vergegenwärtigung inhaltlicher Aussage in der Vorgänglichkeit des Spielens bzw. sinnliche Teilhabe an einem produktiven Gewahrwerden seiner selbst mit dem „Ziel" selbstreflexiver Wandlung.*

*

Deren Zentrum ist die *sprachliche Aktion*. Dass Text auf ein Verhalten mit ihm, konkret auf ein *Sprechen für* (andere) und auf ein Sprechen als untrennbarer Bestandteil eines Agierens zielt, darauf weist seine Sprache selbst. Prüft man sie, so stutzt man spätestens in der zehnten Szene des I. Aktes. Bis hierher hatte die Sprache z. T. recht prosaischen Charakter; die Diener einschließlich Rosa und Valentin sprechen in gewisser Weise normal. In der folgenden Szene, in der die Fee Cheristane ihren dienstbaren Geist Azur ruft, wechselt die Sprache in den Vers. Es ist ein fünfhebiger Vers mit einer Zäsur oft nach der zweiten Hebung und einer z. T. deutlich

wahrnehmbaren Pause auf einer möglichen sechsten Hebung. Die fast stets
einsilbige Füllung verleiht ihm eine strenge jambische Ordnung:

> „Der Kampf ist aus, ich habe mich besiegt.
> Beschlossen ist's, ich scheide von der Erde…"

Das Abmessen versumfassender Sinneinheiten mit kreuzweisen Reimen
unterstützt hier die Strenge, die mit dem Ausgesagten korrespondiert.
Gleichzeitig verleihen ab und an weibliche Endungen dem Vers etwas
Klagendes; sein Auftakt gibt ihm Bedächtigkeit. Eine solche Sprache bedeutet gegenüber dem Vorhergehenden qualitativ ein anderes Sprechen,
damit ein anderes Spielen und dieses ein anderes Hören und Aufnehmen.
Es ist eine andere „Welt", die sich dem Zuschauer tatsächlich als eine andere im Akt des Sprechens (und Spielens) mitteilt: *feierlich und überlegen*.
Als Cheristane, zum Bauernmädchen sich verwandelnd, Flottwell gegenü-
bertritt, hält sie die Sprache bei, nicht aber die Ordnung der Verse. Genauer: Sprechen vollzieht sich in der gleichmäßig feierlichen ruhigen Art jam-
bischer Silbenverteilung:

> „O, trüber Schicksalsspruch, der einem Kinde Flügel leihet und sie
> seinem Engel raubt…"

Es erscheint also auch hier rhythmisch organisiert, über den Alltag hinaus-
gehoben. An diesem hat Flottwell teil. Ja mehr noch: Schaut man zurück zu
den Auftritten 7 und 8 (des ersten Aktes), dann erkennt man, dass dieses
Sprechen von Anfang an zum Habitus Flottwells gehört, und dass dieser
dann, sobald er auftritt, fast unmerklich seine (adeligen) Gäste als seine
Korrespondenzpartner (nicht aber seine Diener, auch nicht Valentin oder
den Haushofmeister) in diese Sprache mit einbezieht.

Rhythmische Sprache meint ein gleichsam überlegenes Sprechen mit relativ gleichmäßigem Tempo, mit Balance der Gewichtigkeit und Dauer der
Silben, meint eine über den Dingen stehende *Haltung* des Sprechenden und
des Zuhörenden, eine Art höheren Bewusstseins mit einer weniger engen
Beziehung zur trivialen Realität. Denn nicht nur, wie, auch wovon Flottwell spricht, scheint jeweils über die Reproduktion des täglichen Lebens
erhoben.

Dass unterschiedliche Arten des Sprechens unterschiedliche Arten des
Spielens und damit der eigenen Existenz meinen, belegt eine durchaus
wahrnehmbare *dynamische* Komponente. Es gibt Stellen, wo Flottwell Gefahr läuft, diese Sprache zu verlieren, etwa, wenn er über seine Situation

mit Amalie hadert (II/3. Auftritt), und wo dann um so deutlicher der Umschwung zurück bemerkbar wird, als der Bettler in seinen Blick gerät und anschließend mit ihm in der gleichen Sprache verhandelt. Zwischenstufen, tendenzielle Veränderungen des Sprechens, signalisieren *Veränderung der inneren und äußeren Haltung* des Sprechenden. Auch an der Rolle des Präsidenten wie an den Verwandlungen des Wolf scheinen mir solche Veränderungen ablesbar. Seine Haltung verlieren (oder zurückgewinnen) heißt seine Sprache verlieren (oder zurückgewinnen). Im dritten Akt wird dies nun umgekehrt an Flottwell sichtbar: Während sein Monolog am Beginn,

> „Berauschte Spieler stürzten auf mein Wohl die goldnen Becher aus,
> und übermütge Freude schwang die riesgen Flügel...",

mittels ausgelassener Vokale den gewollt gemessenen jambischen Sprechduktus heraufbeschwört, während anderseits Valentins Sprache

> „Jetzt trau ich ihm fast den Groschen gar nicht zu geben...",

einen möglichen solchen durch die Füllworte (hier „fast" und „gar") deutlich unterbindet, nähert sich Flottwells Sprache in der Wohnung Valentins tendenziell einer Prosa an, Abbild eines sich anbahnenden falschen Bewusstseins (und einer "falschen" Lösung!) und Zeichen eines sich nun vollends Untreuwerdens. Erst der Konflikt mit Rosa wirft ihn gleichsam auf sich zurück. Flottwells Entgegnung,

> „Nein! Ich hab es nicht gehört! Es war ein Traum! So sprach sie nicht
> zu Julius von Flottwell, ihrem einstgen Herrn...",

mit ihrer plötzlich auffallend gestelzt wirkenden Sprache, erscheint ohne solch gemeintes „Falschsein" an dieser Stelle gar nicht verständlich, ja als schlechte Dichtung. Als Flottwell schließlich seinen Ausgangspunkt, die Ruine des alten Flottwellschen Schlosses, erreicht, um in einem Monolog gleichsam mit sich selbst ins Reine zu kommen, da tut er dies nun in jenen fünfhebigen jambischen (hier reimlosen) Versen, die Cheristane im ersten Akt verwendete. Und auch der Bettler, der ja ihn selbst verkörpert, spricht mit ihm in gleicher Weise. Es ist, als ob seine Sprache (und damit Haltung) endlich den ihr gemäßen Ausdruck gefunden hätten und damit ein Selbstsein vergegenwärtige(n), das die nun kurz erscheinende Cheristane als Vorschein eines Glücks nach dem kurzen Erdenlos charakterisiert. Und nun: da Valentin, Rosa und die Kinder heraufstürmen und ihrerseits in einer dem früheren Flottwell angeglichenen Sprache (bis hin zum unbeholfenen Gedicht) um Verzeihung bitten, da ist es Flottwell, der zuerst in einer würdigen Prosa die Dinge wieder ins Lot bringt, bevor sich eine Harmonie unter den (sprachlich) Verschiedenen einstellt.

Natürlich: Sprache als Mittel der Charakterisierung von Personen im Drama ist seit Shakespeare keine ungewöhnliche Bühnenpraxis. Aber anders als dort, wo Sprache Figuren eher als durch ihre Standeszugehörigkeit von vornherein unterschiedene ausweist, repräsentieren hier sprachliche Haltungen selbstbewusstseinsmäßige Welten und das durch sie vermittelte *Handeln*. Text meint hier also Sprechen als „Sich-Äußern im Zusammenhang von", meint Sprechen als Ausdruck von Handeln(den), verknüpft mit deren Haltungen und Situationen. Text zielt (auch) – und dies sei als ein *viertes* und zentrales Charakteristikum hervorgehoben – auf *sinnliche Vergegenwärtigung einer bewusstseinsmäßigen Haltung durch den Akt des Sprechens* selbst (nicht nur durch dessen Aussage).

Wie zauberhaft etwa vermittelt sich die verweilend ruhige Stimmung der Cheristane-Szenen des ersten Aktes aus der Kongruenz von Aussage, Art des Sprechens und (intendierter) Anlage des Spielens! Und selbst Dumont, Vertreter der dutzendfach in diesem Volkstheater der Lachlust präsentierten französisierenden, schwäbelnden oder berlinernden komischen Nebenrollen, erscheint plötzlich, im Kontext gerade mit Cheristane als Repräsentant einer *belebten* Natur, mit seiner *gebrochenen* Sprache als Vergegenwärtigung seines („aufgeklärten") gebrochenen Verhältnisses zur Natur, wie auch – zentraler – zum anderen Menschen. Die als eine der Paradeszenen im *Verschwender* gepriesene Begegnung Dumonts mit einem alten Weib aus dem Gebirge findet hierin ihre Begründung. (Und sie demonstriert damit auch das Verfahren Raimunds, typische Figuren und Szenen dieses Wiener Volkstheaters so in sein Spiel zu montieren, dass sie einen über sich und ihren lustigen Effekt hinausweisenden Sinn im Zuge übergeordneter Aussage einnehmen.)

Den beschriebenen sinnlichen Momenten dieses Theaters fügt sich Sprechen als weiteres ein. Die Vorstellung des die sinnliche Ebene hervorkehrenden Spielens eines „Spiels von…" denkt resp. realisiert sich zentral vom Akt des Sprechens her, wesentlich heraus- und emporgehoben durch das eingebundene Singen und instrumentale Spielen.

Über die Zugehörigkeit von Musik zum Theater Raimunds

Die skizzierte Einsicht in die *Vorstellung, aus der heraus dieses Theater Raimunds gleichsam in der Welt ist*, eröffnet uns dessen *Plausibilität* auch in seinen Einzelheiten. Diese schließt die Einsicht ein, dass die uns überlieferte Musik Kreutzers möglicherweise in einer Weise zu diesem Theater gehört, die ihre getrennte Diskussion ausschließt. Wie weit wir sie übernehmen, hängt davon ab, wie weit wir das hier gemeinte Spielen (erstens heute und zweitens mit Schülern) realisieren können und wollen.

Conradin Kreutzer, 1780 geboren, war ein im 19. Jahrhundert durchaus geachteter Opernkomponist. Er verbrachte einen großen Teil seines Lebens in Wien als Kapellmeister am Kärntnertor und am Josefstädter Theater. An letzterem war er tätig, als dort am 20. Februar 1834 *Der Verschwender* uraufgeführt wurde. Im Ganzen gesehen repräsentiert seine Musik zu diesem Stück eine Theatermusik, die nicht in den Vordergrund sich drängt sondern sich „dienstbar" integriert in den Ablauf des Spielens, entsprechend der damaligen Zeit und den Umständen dieses Theaters. Gerade weil die Musik von Kreutzer und damit auch qualitätvolle Musik ist, kann man sie auch heute verwenden. Und man kann sie verwenden, eben weil sie damit anderseits nicht *der* im heutigen Medien- und Konzertbetrieb repräsentierten Musik der ersten Hälfte des 19. Jahrhunderts angehört.[14]

Das ist zu erklären. Der Konzert- und vor allem Musiktheaterbetrieb bevorzugt heute jene Musik, die der sog. musikalischen Klassik angehört bzw. durch deren Erfahrung wesentlich bestimmt ist. Ihr Kennzeichen ist unbedingte Ernsthaftigkeit, wie sie - so sehe ich das persönlich – nicht zuletzt durch Mozart in die Welt gekommen ist. Spätestens seit Mozarts *Entführung aus dem Serail* stellt sich Musik im Musik-Theater als Teil des Geschehens, des Handelns der Protagonisten als *Menschen* dar. Der Fluss der Handlung (= des „Lebens" auf der Bühne) wird nicht mehr durch Musik unterbrochen sondern setzt sich im musikalischen Stück fort resp. in ihm selbst um. Musik vergegenwärtigt vor allem in ihren instrumentalen Parts auch der Arien das Handeln selbst, seine Vielschichtigkeit und Entwicklung. Mit Mozart zieht endgültig so etwas wie musikalische Wahrhaftigkeit und

---

[14] Eine Ausnahme bildet hier vielleicht das sog. „Hobellied" Valentins, das ja zu einem Repräsentanten eines bestimmten „Wiener Liedes" geworden ist.

Ernsthaftigkeit in einem Maße in das Theater mit Musik ein, das Oper und Sing-spiel als eindeutig *musikalische* Kunst erst eigentlich definiert: Musik im Theater wird selbst ein Wesentliches, ein Grund, an Opern- oder Singspielaufführungen teilzuhaben. Wie radikal die Mozartsche (klassische) Neubestimmung gerade den Bereich des Sing-Spiels tendenziell veränderte, ersieht man aus Goethes bekann-ter Beschreibung der „niederschlagenden" Wirkung auf seine eigenen Singspiel-bemühungen[15].

Dem Prozess auf Seiten einer bestimmten engen und auch lokalen Komponisten-tradition entsprach nun nicht sofort ein ebensolcher auf der Seite der Rezeption des breiten Publikums. Zu Mozarts *Zauberflöte* (im Vorstadt-Theater „auf der Wieden") ging man als zu einer „Maschinenkomödie" mit Schikaneder als Papa-geno. Wenn auch unbestritten ist, dass die Musik Mozarts nicht unwesentlich zum schnell wachsenden Erfolg der *Zauberflöte* beitrug und auch das Publikum (nach Mozarts Tod) begann, seine Rezeption dieses und anderer Stücke in Rich-tung Musik zu verändern, so dürfen wir doch annehmen, dass es bis zur Mitte des 19. Jahrhunderts dauerte, bevor sich eine einseitig musikalische Rezeption breiter ausgebildet hatte. Dementsprechend konzentrierte sich auch die Produkti-onsseite nun keinesfalls nur auf eine Klassiknachfolge, wie dies Musikgeschichten mit ihrer strengen sukzessiven Epochenfolge manchmal glauben machen. Der breite Strom der Musiken vom Barock zur Romantik ist einer auch wesentlich um Klassik herum. Vor allem die Zeit der „Poetischen Musik" zwischen 1830 und 1850 versuchte eher Klassik *sich* interpretatorisch anzuverwandeln, (ihre) Musik als eine romantische Kunst in ihr vielgestaltiges Vorhaben der Poetisierung von Welt einzubeziehen und zu vermitteln. Vor diesem Hintergrund ist die Musik Kreutzers zu würdigen.

Die Musik zum *Verschwender* repräsentiert die Tradition einer Weiterent-wicklung eines sozusagen nicht-mozartischen Standes der Sing-Spiel-Musik zu einer zeitgemäß „poetischen" Musik des 19. Jahrhunderts. Der Begriff[16] definiert sie nicht so sehr (und nur) im Sinne Schumanns als eine andeutend charakterisierende, die weder programmatisch grob noch vir-tuos hervortuend sich gebärdet, sondern eher (und auch) im Sinne von „poetisierend" als eine, die eher den melodischen Tonfall selbst (als die Arbeit mit der Melodie) variativ zur Geltung bringt und dabei Instrumen-tation als seine illusionäre Einkleidung (statt Klangfarbe als hervortreten-des Strukturelement) begreift. Sie ist eine *Musik, die nicht sich (= ihre musi-kalischen Gedanken) selbst dar- sondern immer noch zur Verfügung stellt.* Dies

---

[15] Vgl. die Notizen über seine *Italienische Reise (November 1787)*, z. B. in: dtv-Gesamtaus-gabe, Bd. 26, München 1962, S. 85.
[16] Zum Begriff des „Poetischen" vgl. Carl Dahlhaus, *Die Musik des 19. Jahrhunderts* (= Neu-es Handbuch der Musikwissenschaft, Band 6), Laaber 1980, S. 118 ff.

setzt einerseits charaktervolle Gediegenheit voraus, um im zeitgemäß entwickelten Sinn Musik zu sein. Aber es setzt auch eine gleichsam zurückgenommene Intentionalität voraus, Verzicht auf selbsttragende Ausarbeitung und Offenheit der anzureißenden Empfindungsrichtungen oder -räume, die sich einer konkretisierenden Aufnahme-Arbeit im Zusammenhang des Kontextes des (Theater-)Spielens durch den Zuhörer/-schauer nicht verschließen. Sie kennzeichnet eine Tendenz zur Einfachheit (ohne Simplizität), zur Leichtigkeit (ohne seicht zu sein) und zur naiven Lieblichkeit (mit – so will uns heute scheinen – durchaus Lokalkolorit), die (noch) einer rückwärts gewandten Sentimentalität enträt.

Nun ist auch hier Musik nicht gleich Musik. Das will heißen: gerade in einer solchen *Sing-Spiel-Musik* für ein Volkstheater sind unterschiedliche Gründe (und damit Traditionen) des Musikmachens im Theater noch unmittelbar wirksam. Ich sehe vorderhand *vier* (sich stark überschneidende) *Ebenen der Geltung*; sie sollen der Reihe nach angesprochen werden.

Musik und Spielen

Die vielleicht wichtigste Ebene ist die des *Spielens* (in diesem Theater) in einem sehr ursprünglichen Sinn. Ihr zugeordnet sind vor allem die *Rollenlieder*.

Im Volkstheater Raimunds, einem moralisierenden Theater mit einem eigenartig unmittelbaren und doch distanzierten, entrückten und ironischen Verhältnis zum Publikum, noch ein Spiel spielend, nicht eine Scheinrealität vorgaukelnd (wie oft die spätere Operette), wurde Spielen (*für*, nicht *vor*) auch als Spielen begriffen und rezipiert. Als solches konnte Musik in ihm vielfältige Funktionen einnehmen: sie war ein Teil des zu spielenden Spiels, was – vom Text, d. h. vom Handlungsgerüst her gesehen – vielfache Unterbrechungen, Einschübe gestattete, ohne einen Fluss zu stören. Im Gegenteil: Singen eingestreuter *Lieder* fungierte als Bereicherung des Spielens und dabei oft als selbstironischer Reflex, darin die als Zuhörer am Spiel Beteiligten zusätzlich informierend und ihr reflexives Beteiligtsein (an der Situation des Zusammenkommens) motivierend und inhaltlich anreichernd. Eingestreut wurden nicht nur Lieder und liedartige Duette sondern mitunter auch als „Arien" bezeichnete Stücke. Grundsätzlich waren sie aber den eher komischen Figuren vorbehalten, den einfachen Leuten, die mit ihnen eine unmittelbare Verbindung zum Zuhörer herstellten. Denn dass und wie diese Figuren singen, macht sie menschlicher. Es ist, als ob sie im Figursein innehielten, um sich der hinter ihrer Rolle versammelten menschlichen Züge und Einsichten unmittelbar zu entäußern. Singen fungiert als Ausdruck und Mitteilung und strahlt damit umgekehrt (gleichsam vom Zuhörer/-schauer her) auf die Figur zurück. Für solche Funktion, den Zuchauer/-hörer in das Spielen hineinzuziehen, spricht die offenbar von Raimund vorgenommene Koppelung von Auftrittsmonolog und -lied.

Neben Liedern nehmen *Chorsätze* eine wichtige Stellung ein. Es scheint bei Raimund (und dem frühen Nestroy) geradezu typisch zu sein, Stücke mit einem Chorsatz zu eröffnen (und zu schließen), der die am Spielen Beteiligten – seien es Diener, Jäger, Elfen oder Gäste eines Empfangs oder Balls – als zusammengehörend und als *eine* Rolle spielend definiert. Lieder und Chöre, mitunter (wie im *Verschwender*) im Schlussgesang vereint, verbindet die Tendenz, mit ihnen der Schau- und Hörlust zu entsprechen. Gerade Schlussgesang und Finalmusiken korrespondieren mit für Akt- oder Stückschlüssen typischen wirkungsvollen malerischen Schlussgruppierungen der Schauspieler (sog. *Tableaus*). Dass hier mitunter auch einseitig Spielmöglichkeiten des opernhaften Singspiels einfließen, darf nicht überraschen: Im *Verschwender* repräsentiert der Hinauswurf des betrunkenen Valentin im II. Akt eine Art „Singspiel"-Zwischenfinale als (allerdings nur geplante!) musikalische Überhöhung dramatischer Zuspitzung auf der Ebene des Spiels der komischen Figuren.

Während die Chöre textlich sich eher in den Spiel*verlauf* einordnen und in andere Ebenen (vor allem des „Spiels") zu weisen scheinen, stellen die *Rollenlieder* ein charakteristisches Kennzeichen in diesem Theater dar. Wie zentral sie zur Spielen-Vorstellung gehören, erhellt die Tatsache, dass deren Melodien im *Verschwender* dem Komponisten offensichtlich weitgehend von Raimund selbst vorgegeben wurden.

Musik und Spiel

Das Spielen in diesem Theater vollzieht sich - wie oben angedeutet - im Rahmen bestimmter Typen des *Spiels*. Wenn auch Raimund diese in gewisser Weise hinter sich lässt, so sind deren Elemente, vor allem die des Zaubermärchens, wohl vorhanden. Auch im *Verschwender* tritt eine Vertreterin der höheren Mächte auf, die Fee Cheristane. Zur Darstellung besonders des Erscheinens und Miteinanderumgehens der Geisterwesen fordern die Stücke beständig Musik; man vergegenwärtige sich die Fülle der musikalischen Aufgaben an den ersten Auftritten in Nestroys *Der böse Geist Lumpazivagabundus*! Hierbei wird oft die Technik des sog. *Melodrams* verwendet, wie sie in einer kurzzeitigen aber zum Verständnis der Musik dieser Zeit äußerst wichtigen Mode des 18. Jahrhunderts entwickelt wurde, die Technik eines Sprechens und Spielens(!) zur Musik bzw. umgekehrt eines Erklingens von *instrumentaler Musik* zum Vollzug eines schauspielerischen *Spielens* wie eines ausdrucksvollen und (wie wir sahen) textlich besonders zubereiteten *Sprechens*, wobei alle drei nicht nur aufeinander Rücksicht nehmen, sondern sich gegenseitig interpretierend resp. beleuchtend ergänzen.

Die Melodramen – im *Verschwender* sind es zumindest vier – bilden das Notat einer eigenen im Prinzip festgefügten Vorstellung vom (szenischen) Spielen, das weit mehr als nur dessen textliche Ebene festlegt. Als Einheiten eigener Art gehören sie zum *Zauber-Spiel*. Ein viertes Melodram (am Schluss des II. Aktes) überhöht musikalisch die Verbindung zweier dramatischer Szenen mit der „dramatischen" Natur (Gewitter). Hier lehnt sich die Verwendung der Musik im Spiel (ebenso wie möglicherweise beim Einsatz von Chorsätzen) an Traditionen der Oper an.

Musik und Inszenierung

Natürlich ist Theaterspielen seit alters her mit Musik verbunden. Im europäischen Mittelalter erklang zu geistlichen und weltlichen Spielen ebenso Musik wie im 16. und 17. Jahrhundert zu (italienischen) Commedien, (englischen) Maskenspielen oder (deutschen) Schuldramen. Auch für Shakespeares wie für Molières oder Calderons Stücke stellte *Musik, die in das Bühnengeschehen einfällt*, ein wesentliches Moment der *Inszenierung* dar. Aus solcher Tradition bildete sich ein differenzierter Gebrauch von Instrumenten in Theaterstücken zur Kennzeichnung von Personen und Situationen heraus, der sich bis in unsere Zeit in Instrumentierungen niederschlägt. Auch im Wiener Volksstück gibt es neben Rollenliedern, Chorsätzen und Melodramen eingestreute Musikstücke zur Kennzeichnung von Situationen resp. musikalische *Signale*, z. B. (wie hier) Jagdfanfaren (vier Hörner), oder *Musik zum Tanzen*. Auch das *Lied des Bettlers* und die ihm zugeordnete *Harfe* gehören in diesen Zusammenhang.

Musik und »Aufführung«

Im 18. Jahrhundert verfestigte sich in Deutschland die Tendenz, Schauspiele mit einer *Rahmenmusik* zu versehen. 1730 forderten erstmals Gottsched und nach ihm Scheibe und Lessing, dass solche Musik mit dem Inhalt des Dramas übereinzustimmen habe. Gedacht war an Ouvertüre und

Schlussmusik, aber auch an Zwischenaktmusiken, die den Gehalt des abgeschlossenen Aktes aufnehmen und (in einem zweiten Teil) in den Gehalt des kommenden Aktes einführen sollten. Solche Rahmenmusik war bis zur Mitte des 19. Jahrhunderts bei Schauspielen durchaus üblich. Möglicherweise muss man diese Tendenz im Zusammenhang von Ausführung bzw. *Aufführung* sehen.

Ausführung ändert, streng genommen, am Übergang vom 18. zum 19. Jahrhundert ihren Charakter grundsätzlich; sie wird Pendant zum „Werk" im emphatischen Sinn. Während Aufführung als „Ausführung" eines Entwurfs (bzw. „Vorwurfs für"[17]) im Barock noch wesentlich der Produktionsseite angehörte, wechselte sie umso mehr auf die Seite der Reproduktion, je mehr die Menschen (und die Schöpfer) das musikalische (und dichterisch-dramatische) Werk schon vor seiner Realisation als (kraft des persönlich verantworteten „Kompositions"-Aktes) für sich wesentlich und fertig betrachteten. Das Versehen eines zu realisierenden Theaterstückes (also: „Vorwurfs" zum Spielen!) mit Musik für dessen (= des Spielens!) Realisation und folgend mit einer auch inhaltlich übereinstimmenden Musik (die ja dann auch eine je zeitgenössische Auffassung vom Theaterstück widerspiegelt) ist u. a. als Versuch zu deuten, die produktive Sphäre der Realisation in der Aufführung dadurch zu erhalten, dass man ihr einen Rahmen aus der jetzt selbst sprachfähig werdenden Instrumentalmusik beigesellte. Gleichzeitig bewirkt diese eine dem Werk in seiner Bedeutung als Ideenkunstwerk angemessene Heraushebung seiner Aufführung aus dem Alltag (und) auf eine höhere Ebene der Empfindung. Rahmenmusik erhält die Fiktion des „Ereignisses" aufrecht, welches Ausführung im Barock noch unmittelbar als Krönung des Produktionsprozesses selbst war. Erst die Ablösung der Rahmenmusik als *Sinfonische Dichtung* und die beginnende Tendenz gegen Musik im Schauspiel – beides um 1850 vor allem durch Franz Liszt vorgenommen resp. propagiert – bedeutete folgerichtig und parallel der Formulierung der Wagnerschen Idee des „Gesamtkunstwerks" die endgültige Durchsetzung der absoluten Geltung des „Werkes" und damit der sog. „Aufführung".

Bedeutet Inszenierung die vorgängige Übertragung des „Spiels von" (= einer immer mehr als Text niedergelegten und arbeitsteilig erstellten Vorstellung einer Handlung) in ein „Spielen für" (= reales Bühnenhandeln unter den Bedingungen dieses Theaters), so bedeutet Aufführung gleichsam nachgängig und umgekehrt, das „Spiel von" immer wieder neu entstehen zu lassen durch Wiederholung des „Spielens für". (U. a.) Rahmenmusik erscheint hierbei als Garant dafür, dass Spielen im Sinn des Spiels beiderseitig sich entfaltet. Darauf weist ihre mögliche Verzahnung mit der

---

[17] „Vorwurf" verwende ich für die Zeit der Frühen Neuzeit als Zusammenziehung von „*Vor*lage" und „Ent*wurf*" für ein künstlerisches Tätigwerden.

Musik der anderen Geltungsebenen. In Raimunds *Der Alpenkönig und der Menschenfeind* wird die Ouvertüre mit in die Regieanweisung aufgenommen. Vor dem ersten Aufzug heißt es:

> *„Die Ouvertüre beginnt sanft und drückt fröhlichen Vogelsang aus, dann geht sie in fremdartiges Jagdgetön über, begleitet vom Büchsenknall. Beim Aufziehen der Kurtine zeigt sich eine reizende Gegend am Fuß einer Alpe… Ein Chor von ALPENGEISTERN… eilt von der Alpe herab und sammelt sich im Vordergrunde der Bühne."*

Ouvertüre soll einführen in: eine Landschaft, eine Stimmung, in eine Welt mit ihren besonderen Handlungen. Die Tatsache, dass sie in den Eingangschorsatz übergeht, beleuchtet eben die verbundene Doppelfunktion: nicht nur Zuhörer /-schauer aktiv zu beteiligen, sondern auch die Spieler ins Spiel(en) kommen zu lassen.

In Kreutzers *Verschwender*-Musik steht die *Ouvertüre* vor dem Stück; die Akte selbst beginnen mit *Introduktionen*, in den ersten beiden Akten je mit Chorsätzen verbunden. Auch die Aktschlüsse sind deutlich auf (auch) musikalische Finali hin konzipiert. Wesentlich Verwandlungsmusik stellt Stück 15 im III. Akt dar.

Der skizzierte Einblick in die (zumindest) vier z. T. eigengesetzlichen Aspekte, in denen eine Beziehung zwischen Musik und Theater (Raimunds) sich herstellt, erlaubt Perspektiven zu entwerfen, wie mit der Musik Conradin Kreutzers im Zusammenhang einer Aufführung heute verfahren werden kann. Entscheidungen aber bedürfen des Abwägens im Einzelfall. Hier, im Zusammenhang konkreten Bearbeitens und Realisierens, hat auch analytisches Betrachten seinen Platz.[18]

Darüber ist im folgenden zu reden.

---

[18] Unter „musikalischer Anlayse" verstehe ich innerhalb des eingangs angedeuteten musikpädagogischen Arbeitsprozesses ein Sich-Vergewissern dessen, was im einzelnen Satz oder Stück, den bzw. das wir gerade bearbeiten, sich musikalisch zuträgt zum Zwecke des Durchschaubarwerdens /-machens der eigenen Erfahrung und des selbstbestimmten Umgehens mit ihm. Über das methodische Vorgehen dabei vgl. einige Anmerkungen in *Fingerübung. Skizzen zur Bearbeitung einer Motette von Johann Pachelbel…* (= MIT MUSIK LEBEN…, Projekt 1).

Die einzelnen Musikentwürfe und ihre Bearbeitung

Es erscheint sinnvoll, sich der Musik von der Seite der Rollenlieder her zu nähern: sie sind einerseits relativ sparsam und durchsichtig instrumentiert, bieten also dem Bearbeiten wenig Schwierigkeiten; anderseits kann (und muss) man an ihnen gerade ein Gefühl für *diese* Musik entwickeln, sie in ihrem charakteristischen Sosein erfassen.

Bearbeiten *für ein kleines Ensemble* – hier: zwei Violinen, Violoncello (+Kontrabass), ein bis zwei Flöten (oder Flöte und Klarinette) und Klavier, als eine Art Minimum – heißt: den vorliegenden Satz unter Beibehaltung seiner Konturen so „verkleinern", dass er auch in kammermusikalischer Besetzung das abbildet resp. nachvollzieht, was der Komponist in großer Besetzung meinte. Konsequenterweise sind dann gleichzeitig im Ensemble die Rollen möglichst dem Original gemäß und der Spielfähigkeit entsprechend zu verteilen:

- Die I. Violine ist in der Regel führende Stimme, sie setzt lagensicheres Spiel voraus; hier kann ein Lehrer einspringen.[19]
- Die II. Violine übernimmt Begleitbestandteile (aus der originalen II. Violine und Viola), wobei der Part unterschiedlich schwierige Alternativen aufzeigen kann.
- Das Violoncello übernimmt den Basspart als untere Satzbegrenzung, evtl. durch Kontrabass verstärkt.
- Zwei Flöten (oder Flöte und Klarinette) sorgen für Farbwechsel und (zusätzlich oktavierend) für Tuttiverstärkung der Violine(n), seltener fungieren sie als Abwechslung (Flöte I) zur Violine I entspr. dem (Holz-)Bläsereinsatz im Original.

Damit fallen dem Klavier mehrere Rollen zu. Es übernimmt eine Art klangliche Füllung im Sinne der Holz-(und Blech-)Bläser sowie einen Teil der Begleitfigurationen der Streichermittelstimmen, verstärkt den Bass resp. übernimmt dort eine Stimme bei geteiltem Bass und tritt u. U. im Tutti

---

[19] Bei den hier zugrunde liegenden Ausführungen hatte die Violine I ein außergewöhnlich begabter und lagensicherer Schüler übernommen, der allen Schwierigkeiten gerecht wurde.

hervor, im Ausnahmefall auch einmal führend. Dem Klavier kommt damit auch besondere Funktion in der „Abbildung" der horizontalen Verhältnisse der Glieder zueinander zu, was evtl. ein Wechsel des Registers unterstützt.[20]

Was sich hier als formale Vorgehensweise darstellt, ist aber nicht als Rezeptur zu verstehen. Gerade die Handhabung hat sich der Wahrung eines melodiebestimmten Satzganzen unterzuordnen. Man kann sich dies beispielhaft an den Liedern Valentins im I. und im III. Akt veranschaulichen.

Die Rollenlieder des Valentin

Beginnen wir mit dem *Jagd-Lied* (Nr. 6). Das Vorspiel (8 Takte) benützt die ersten vier Takte der Strophenmelodie, um sie in freier Fortsetzung zu einem runden Abschluss zu bringen. Melodie und Satz gestalten sich als bogenförmige Ganzheit scheinbar noch aus einem Impuls heraus resp. aus einer fast biedermeierhaften Bescheidenheit in typisch achttaktiger Größe. Hier liegt ein wesentliches Kennzeichen im konstitutiven Verhältnis einer sich bescheidenden äußeren Gestalt (klanglich und strukturell verstanden) zu einem inneren Selbstverständnis der Musik vor, die eine *Haltung* artikuliert; diese ist zu bewahren. Auch die Ausführung hat hier viel beizutragen. Was unter dem Begriff „Haltung" zu verstehen ist, erweist sich vielleicht schon hier bei der Einordnung in die Tonart. Denn die Strophenmelodie beginnt auf der V. Stufe unter dem Grundton; sie benützt diese Stufe nicht nur als Auftakt sondern als Basis des Singens: die ganze Melodie verhält sich plagal (und erweist sich in der Anpassung der Lage an die Singfähigkeit eines jugendlichen Laien als besonders diffizil).

Ganz anders verhält sich der Beginn des *Auftrittsliedes* des Valentin (Nr. 2): Er vergegenwärtigt den Charakter des Ironisch-Leichten in Melodie und Satz, auf den sich der Sänger gleichsam legt, um dieses Lied erfolgreich zu singen. Die Wiederholung der ersten beiden Verszeilen, sowohl im Lied wie im Vorspiel – von der Architektur eines solchen Liedes nicht unbedingt notwendig –, meint ein In-sich-Sein dieses Grundgefühls, das sich nicht damit zufrieden gibt, nur einmal festzustellen: Wer sich freut, sagt es gleich zweimal. Dazu stimmt die Intervallstruktur der Melodie. Sie

---

[20] Auf Notenbeispiele wird hier weitgehend verzichtet, da die (bearbeitete) Musik hier mit vorgelegt werden soll. Beispiele zu den „Rollen" der Instrumente ersehe man dort aus den Nummern 2 und 16.

strebt von der III. (Durterz) schnell zur VIII. Stufe (Oktav); ihr „Heissa"
hebt also schon eine Lage *über* dem Grundton an, kommt schnell in Fahrt
und „dreht" sich fast wie ein Perpetuum mobile. Dagegen die Melodie im
Jagdlied: ihr tiefer Beginn artikuliert einen Ton des abwertenden Kommen-
tars dessen, der auf der Seite steht. Man sieht richtig die abwertende (Arm-
)Bewegung der Leidensterz abwärts bei („Wie sich doch die reichen) Herren" resp. „…erschweren", sieht den Nachdruck des Arms bei der Halb-
ton-Figur „plagen" oder die bremsend augenaufschlagende und die kopf-
schüttelnde, absteigende Chromatik bei „Gott verzeih mir…". Auch das
Aufzählen des Verhaltens dieser „Herren", „Dieses [1.] Kriechen [2.] in den
Schluchten, dieses [3.] Riechen [4.] von den Juchten" verbindet in der
wachsenden Vergrößerung des Ambitus und damit des absteigenden End-
intervalls ein Sich-Hineinsteigern in die Abwertung des Vorzutragenden
mit einer im Ganzen „kriechenden" Art.

Gerade der Melodie*bau* ist eine wesentliche Grundlage dieses Verfah-
rens: er erschöpft sich nicht in selbstverständlicher Parallelität von Stro-
phen- und Melodiezeilen plus Vor- und Nachspiel, in der Regel acht- oder
sechzehntaktig. Er versucht die Art, wie der Text inhaltlich *prozessual* sich
entfaltet, in die Entfaltung der Melodie und d. h. des *Singens* (von Lied) zu
übertragen. Beim Jagdlied scheint ein Vorwurf des Valentin aus dem anderen zu kommen: Jede Strophe versammelt zur Sache Einwände von mehreren Seiten, zählt sie zusammen, um schließlich in den letzten beiden Zeilen
zu einem Urteil zu gelangen. Ebenso verfährt die Melodie (deren Zeilen im
folgenden Beispiel je wiederholt zu denken sind). Immer wieder wird das
melodische Ausgehen vom resp. Zugehen zum Basiston g' (V. Stufe) variiert, bis nach der Aufzählung der melodische Duktus zum Resümee hin
umkippt und harmonisch über die Subdominante (Fermate) abkadenziert,
nun aber, per (textlicher) Feststellung, zum Grundton c'' hin, nachdem
auch die Variante der variiert wiederholten (= bekräftigten) Schlusszeile
nochmals die Absurdität des „nichts Dummers als" (so der Ausdruck im
Original) bewegungshaft unterstrichen hat (2.). Dieses Schlusszeile ist die
einzige (musikalische) Zeile, die durch kontrapostische Halbzeilenentspre-
chung in sich fest gefügt ist (wie textlich das Urteil).

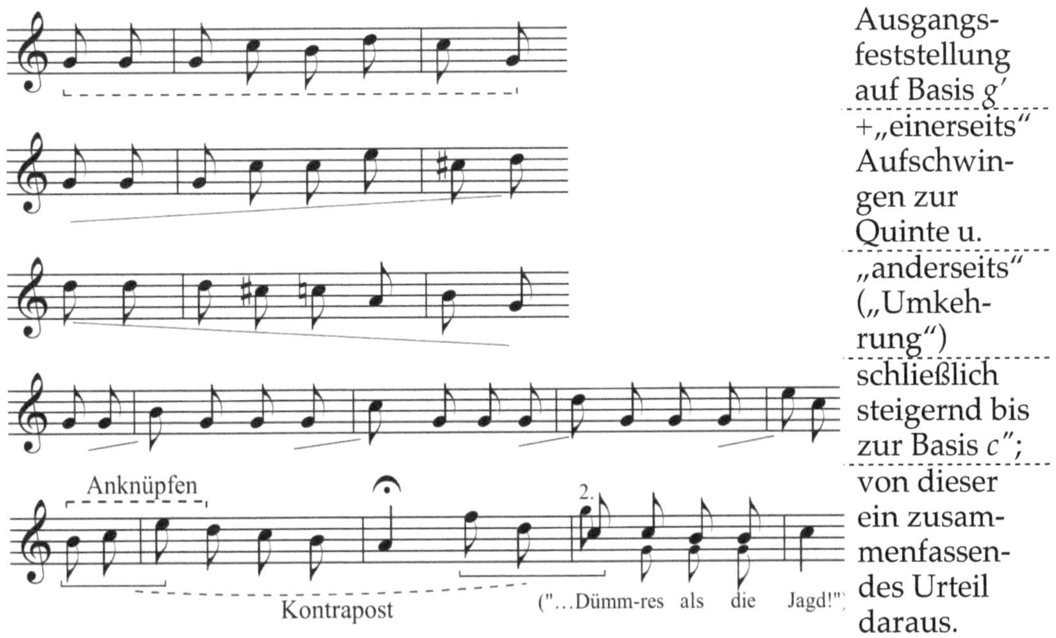

Ausgangs-
feststellung
auf Basis *g'*
+„einerseits"
Aufschwin-
gen zur
Quinte u.
„anderseits"
(„Umkeh-
rung")
schließlich
steigernd bis
zur Basis *c"*;
von dieser
ein zusam-
menfassen-
des Urteil
daraus.

Damit sind wir der Besonderheit dieser Rollenlieder ein Stück näher gekommen. Ihr Kennzeichen ist ein *Verhältnis zwischen Text und „Musik"* in
wenigstens drei miteinander korrespondierenden Ebenen. Die (zum ersten) Melodie erwächst nicht nur aus einer (für Lied in einem „leichteren"
Genre selbstverständlichen) Parallelität von textlicher und musikalischer
Zeilen- und Strophenstruktur, sondern auch aus einer *prozessualen Parallelität* der Entfaltung textlicher und musikalischer Sinneinheiten. Dass die Er-
stellung der Melodie mittels immer wieder abgewandelter Halbsatzfor-
meln geschieht, entspricht dem Genre und wird noch am Duett zu erörtern
sein. Die Auswahl aber und die konkrete Formulierung der Formeln sowie
ihre Einordnung in den tonalen Rahmen verleihen (zum zweiten) den einzelnen Liedern einen übergeordneten *besonderen Charakter* (im Spielraum
eines durchaus regionalen/lokalen Idioms). Beim Jagdlied, obwohl kei-
neswegs als ernstes Lied gemeint, vergegenwärtigt sich ein Charakter eines
„Schwierigen" (als Gegenteil von „ausgelassen"), aber auch eines Abwertenden, Mäkelnden und z. T. Kriechenden, beim Auftrittslied der Charakter eines Obenhinaus und optimistischen Lebensgefühls. Die Formulierungen der Halbzeilen selbst lassen (zum dritten) ein Eingehen auf einzelne
Textwendungen erkennen, die als quasi *körperlich* identifiziert werden
können. Dies scheint mir ein entscheidender Punkt: Melodie suggeriert

eine den Akt des (textlich) Auszusprechenden ausdrückend kommentierende körperliche Bewegung im Akt des Singens, eine Art *Körpersprache*.

Das Gesagte ist am dritten Rollenlied Valentins unschwer zu überprüfen und zu vertiefen. Es ist das sog. *Hobellied* (Nr. 16), als Rollenlied nun aber auf die veränderte, weise Rolle Valentins im III. Akt abgestimmt. Auch hier artikuliert Lied/Melodie eine Haltung, einen situativ vorzustellenden Charakter, der das Lied zu einem Prototyp des alten Wiener Liedes hat werden lassen. Und auch hier können wir den Melodieverlauf als aus einem körperlichen Bewegungsimpuls gebildet ansehen. Ihr Anheben auf der V. Stufe, ihre Wendung aber von der VI. Stufe „zurück" über zwei Vorhalte zur als Subdominant-Sext interpretierten II. Stufe, selbst mit starkem Vorhalt eingeleitet, schließlich ihr Rückkehren mit gleicher Wendung zum Grundton: als ob einer, der zu Reden anhebt, schon nach dem ersten Wort seine Intention mit einer Handbewegung wegwischt, als sei eh alles vergeblich. Damit artikuliert Melodie ein Stück Melancholie, vielleicht auch (mit ihrer Wendung in die Subdominante) ein wenig Wehleidigkeit oder Selbstmitleid. Im Tonfall eines persönlich wissenden Sagens spiegelt sich ein defätistisches Bewusstsein vom Gesagten. Gleichzeitig erscheint dieses eingespannt in einen Feststellungscharakter der Halbzeile.

Hier enthüllt ein Vergleich mit Schuberts *Lindenbaum* auch Gemeinsames:

Während bei Schubert aber der aus dem Dreiklang gebildete Melodiekern (Takte 1-2) zusammen mit der Längung der ersten Zeiten und der durchgehaltenen Tonika der textlichen Hervorkehrung im Sinne eines objektiven Feststellens des Gesagten dient, das gleichzeitig diesen Lindenbaum, der da am Brunnen wirklich steht, als „Natur" (Obertonreihe) und „schön"

(Triole) kennzeichnet[21], gewinnt der Feststellungscharakter bei Kreutzer/Raimund mit seinem Ausholen nach oben, seinem durch Vorhalte (V) resignierend zurückgezogenen Ablaufen, seinen einfachen nicht punktierten Achtelwerten und dem melodischen Ganzschluss entwaffnende wehleidige Lapidarität. Dass die Halbzeilenschlüsse beider Lieder vom sog. Volksmund zu offenen (auf der dritten Leiterstufe) umgesungen wurden, bestätigt nur das Gefundene als Gemeintes.

Damit klingt (im Lied Valentins) ein *Bewegungstyp* an, der sich über das Lied verbreitet und der keinesfalls so sentimental gemeint ist, wie er heute oft (isoliert) gesungen wird; darauf weisen der sparsame Umgang mit Punktierungen und die klare Harmonik. Gleichzeitig zeichnet die musikalische Architektur das Verhältnis der textlichen Sinnglieder prozessual nach: den Eingangsfeststellungen zum Wert des Glücks und dem Verhalten der Menschen folgt das illustrierende Beispiel als in die Dominante modulierender Mittelteil, wonach die (er)klärende Folgerung (die das „Beispiel" in den Aussagerahmen hineinholt), der rückmodulierenden ersten Hälfte der Schluss(halb)-zeile anvertraut, mit ihrem fermatengestützten Stehenbleiben auf dem Spitzenton genau jene Erwartung propagiert und auskostet, die der Text mit „das Schicksal setzt den Hobel an" ebenso erweckt: die folgende Schlussbildung erst mit ihrem Ausholen zum (Subdominant-)Vorhalt *cis* bringt das eigentliche Resümee und bekräftigt im Sinne des „und jetzt (erst)… hobelt es alle gleich!".

Dazu stimmen wieder Einleitung und Nachspiel. Sie gehen mit dem Inhalt und dem Bewegtsein zusammen, bilden äußere Haltung mit ab. Die Szene spielt ja in der aus Tischlerwerkstatt und Wohnküche bestehenden Behausung; Valentin ist allein mit sich, mit seiner Hobelbank. Er setzt den Hobel an, hält inne, sinniert, setzt wieder an, hält wieder inne, arbeitet ein Stück, legt dann den Hobel weg und artikuliert ein Stück *seiner* Gedanken vom Glück, um danach um so kräftiger den Hobel weiterzuschwingen. Musik bildet hier „Heraustreten" (*aus* dem Schreiner [Valentin] und *in* den Philosophen [Raimund]) förmlich ab, auch das Zurückkehren im Nachspiel. Valentin erscheint als eine Art Hans Sachs auf volkstümlicher Ebene. Zwar ist sein Singen „Lied" mit dessen eigenen musikalischen Gesetzen; doch schaffen diese auch den „Raum" und die Sicherheit eigener Artikula-

---

[21] Vgl. hierzu Hans Heinrich Eggebrecht, *Prinzipien des Schubertliedes*, (wieder abgedruckt) in: *Sinn und Gehalt...*, Wilhelmshaven 1979, S. 162 ff.

tion. Und das instrumentale Drumherum inszeniert gleichsam deren Hervorkommen.

Fassen wir zusammen: Die Rollenlieder sind in ihrer *Architektur* eng mit der *Prozessualität* des „Aussprechens" des Textes und damit mit der *Vorgänglichkeit des Spielens* verbunden. In ihrer *Melodik* artikulieren sie etwas von einer generellen *Haltung des Spielenden*; und ihre *Halbsatz-Bildungen* vergegenwärtigen gleichzeitig quasi in *körperliche Bewegung* gekehrte Ausdrücklichkeit. *Die Rollenlieder zeichnen den Akt des Singens als ein körperlich begleitetes, vielleicht sogar initiiertes Mitteilen vor; sie sind Spiel-Lieder.* Jetzt erst versteht man, was es bedeutet, wenn die Literatur von einer *partiellen Mitwirkung Raimunds* an der Musik zu seinen Stücken ausgeht: „Als gesichert gilt jedoch" - so heißt es[22] -, „dass Raimund[...] Kreutzer die Melodien des Hobelliedes, des Jägerliedes und des Bettlerliedes vorgegeben hat." Wir verstehen, wie im wahrsten Sinn ursprünglich Rollenlied und Spielen verbunden sind, wir verstehen den engen Zusammenhang beider. Kreutzer hat die melodischen Intentionen Raimunds offensichtlich aufgenommen und unter architektonischer Abstimmung zu tragfähigen Stücken Musik ausgearbeitet, indem er sie u. a. mit „passenden" Vor- und Nachspielen ausstattete und mit einem Satz versah, der den Melodien logische Faktur verleiht. Und wir können annehmen, dass eine Zusammenarbeit im Dienste des Spielens sich nicht nur auf jene Rollenlieder beschränkte.

Zum Duett (Rosa-Valentin) und zum Schlussgesang
Nicht alle Musikstücke des *Verschwenders* können eine derart dichte und stimmige Konsistenz aufweisen wie die Rollenlieder Valentins. Mitunter werden lineare Kürzungen dort notwendig, wo heute Längen aufstoßen und wo textliche Formulierungen weder als normal verständlich noch als irgendwie außergewöhnlich witzig angesehen werden können. Im *Duett* bot sich vom Text her deshalb die Streichung dreier Strophen an: Von den 12 je vierzeiligen, z. T. in je zweizeilige Rede und Gegenrede aufgeteilten Strophen sollten die Strophen 5 und 7 gestrichen werden. Zusätzlich ergab sich, dass die ebenfalls zur Streichung vorgesehene Strophe 9 in der vorliegenden Partitur (-Abschrift) nicht enthalten ist, die neben einigen punktuellen Abweichungen (z. B. „Hutfabrikant" statt „Ein Hutrer") die erste Strophe in der Fassung der „Variante in der zweiten Bühnenabschrift"

---

[22]Vgl. R. Wagner, a. a. O., S. 205; ebenso A. Bauer, a. a. O., S. 67.

enthält[23]. Elf komponierte Strophen waren also auf neun zu kürzen. Wie vorgehen? Eine Übersicht macht Charakteristika deutlich.

	Text	Einleitung	A-dur	
		Einleitung	**A-dur**	
1. R	Ich nehme einen Schlosser mir,			Tonika-komplex
	das ist der erste Mann,	T... → D	→ h[24]	
	er schlägt an Kasten, Tor und Tür			„Er-
	die sich'ren Schlösser an.	→ T	→a	öffnung"
		Zwischen-spiel 4 Takte		
2. V	Mein Kind, da bist du schlecht bericht,			
	der Tischler kommt zuvor,			
	der Schlosser ist der erste nicht,			
	der Tischler macht das Tor.			
		2 Takte → T		
3. R	Ein Schlosser ist zu schwarz für mich			Domi-nant-komplex
	und seine Lieb' zu heiß.	$D \rightarrow {}^{D}D \rightarrow D$	→gis	
V	Verliebt sich ein Friseur in dich,	"	→ gis	
	der macht dir nur was weiß.			
4. R	Nein, nein ein Drechsler, o wie schön,	$\rightarrow {}^{S}D \rightarrow D$	→ gis	
	der ist für mich gemacht,			
V	der kann dir eine Nase drehn	"	→ gis	
	da nimm du dich in acht.			
5. R	Ein Bäcker ist mir zu solid.	→ D → T		(Rück-kehr zur Toni-ka)
	ich fürcht, dass ich mich härm.			
V	So nimm dir einen Kupferschmied,	"	→ a	
	der macht dir rechten Lärm.			
		Akkord		
6. R	Mit einem Schneider in der Tat,			Sub-domi-nant-komplex
	da käm ich prächtig aus.	$T^7 \rightarrow S$	→ fis	
V	Doch wenn er keine Kunden hat,	"	→ fis	
	da geht der Zwirn ihm aus.			

---

[23] Vgl. F. R., *Sämtliche Werke*, München 1960, S. 671f; in der folgenden Übersicht ist der Text so wiedergegeben, wie er sich in der Partitur eingetragen findet.
[24] In dieser Spalte sind jeweils die Zeilen- oder Strophenschlüsse notiert.

7. R   Ein Klempner ist ein sich'rer Mann,
     dem fehlt es nie an Blech.
  V Ich rat dir einen Schuster an,
     allein der hat stets Pech.
	$S \to Sp \to T$ $\to$ cis
	
	" $\to$ a
	…als Zäsur	

8. R   Hutfabrikant niemals riskiert,
     der hat ein sich'res Gut.
  V Ja wenn die Welt den Kopf verliert,
     braucht Niemand einen Hut.
	$D_D \to D$ $\to$ e
	
	" $\to$ e
	Zwischen-
	spiel D^7
		„aufbau-
		ende"
		Modula-
		tion zur
		Domin.

9. R   Kurzum ich werf im Kreis herum
     vergebens meinen Blick,
     drum kehr ich zu dem Tischler um,
     |: er ist mein einzig Glück. :|
	$T \to S^{(5+)} \to D$ $\to$ cis
	$\to T$
	" $\to$ a	

10. Verlass dich auf den Tischlerjung,
V   der macht dir keinen Gram,
     bekommt das Glück auch einen Sprung,
     |: der Tischler leimts zusamm. :|
		Schluss-
		komplex
		(analog
		„Eröff-
		nung")

	instr. Vorlauf	

11. Ein schöner Stand ist doch auf Ehr
R+V ein wack'rer Handwerksmann,
     seis Schneider, Schuster, seis Friseur,
     ich stoß auf jeden an,
     |: ich biet das Glas ihm an. :|
	Piu mosso
	„Duett"
	
	6 Takte Nach-
	spiel	

Das Duett ist (entgegen der Bezeichnung) im wesentlichen als einstimmiges Lied entworfen; die beiden Protagonisten singen im strophigen bzw. halbstrophigen Wechsel; nur die letzte Strophe (11) am Schluss bekommt zweistimmige Duettfaktur. Die Musik folgt der textlichen Struktur, sie formuliert melodische Strophen, in sich geschlossen und deutlich, z. T. durch Zwischenspiel bzw. nachschlagende Schlussakkordsetzung voneinander abgehoben. Trotzdem liegt kein Strophenlied im tradierten Sinn vor, denn es werden (mit Ausnahme der 1. = 2. und 9. = 10. Strophe) immer wieder neue Strophenmelodien formuliert und in einen übergeordneten

Zusammenhang verankert: Gruppen von Strophen bilden einen Gesamtorganismus deutlich harmonisch bestimmter Abschnitte aus. Das Lied ist
als ein sozusagen progressives Strophenlied durchkomponiert.[25] Die einzelnen Strophenmelodien, in der Regel mit Halbstrophenentsprechung
(resp. -identität) gehorchen den Gesetzen der 16-(=2x8-) Taktigkeit, der
Einheit des Anhebens und Schließens, des Halbschlusses und Ganzschlus-
ses. Dabei sind sie zusätzlich der Gesamtstrophenfolge mit ihren Modula-
tionen resp. dem Zusammenhang des modulatorischen Gangs ein- bzw.
untergeordnet. Zudem scheinen sie einen Ton einer gewissen Leichtigkeit
zu artikulieren. Aber so ähnlich sich die Strophen dieses Tons[26] des noch
nicht überpathetischen und falsch sentimentalen Wiener Liedes bedienen,
so charakteristisch unterschieden geben sie sich: jede Form hat ihre spezifische Wendung und gerade diese scheint nicht unabhängig zu sein von
dem Text, dem sie dient.

Die vier Kriterien, *Gesetze der Strophe* der 8- und 16-Taktigkeit, *Unterord-
nung unter einen Gesamtzusammenhang, Ton der Leichtigkeit,* und *Eingehen auf
den Text* kann man sich in ihrem realen Gelten kurz beleuchten; zusätzlich
kann man zeigen, dass und wie zwischen ihnen Zusammenhänge bestehen, die für die besondere *prozessuale Einheit* des Stückorganismus verant-
wortlich sind. Und schließlich ist auch hier dessen ganz wesentliche *Verbindung zum Spielen* aufzuweisen.

Die Strophenform ist die der englischen (Volks-)Ballade. „Sie besteht aus
vier Zeilen, von denen die erste und dritte vier Hebungen, die zweite und
vierte drei haben."[27] Der besondere „heldische" Ton der Strophe resultiert
(nach Kayser) aus dem durchweg männlichen Ausgängen der Zeilen. Dieser Charakter gehört offensichtlich zum Ironischen des ganzen Gedichts.
Die ursprüngliche Fassung arbeitete die Enttäuschung der Rosa über Valentins (= Kilians) Jagdverhalten noch deutlicher heraus; sie mündete in
ein komplexes zweiteiliges Couplet über dieses.[28] Offensichtlich hat Rai-

---

[25] Ein solches Prinzip zeichnet auch den Wiener Walzer aus!

[26] Vielleicht kann man diesen „Ton" als Sentimentalität bestimmen, als Sentimentalität
aber im Sinne naiver Gefühlsbetontheit (→ Vorhalte, Sextsprünge), nicht aber in der Funktion eines *Zurückschauens*, eines *Evozierens vergangener ,Stimmung'*. Er resp. sie, hier zeit-
entsprechend und original, wird mit sparsam und ökonomisch eingesetzten Mitteln erreicht; Punktierungen z. B. verbergen nicht den Charakter des Einfachen.

[27] Vgl. Wolfgang Kayser, *Kleine deutsche Verslehre*, Bern 1946, S. 40.

[28] Vgl. den ursprünglichen Text in Raimunds Konzept zum Duett, F. R., *Sämtliche Werke*,
München 1960, S. 669 ff.

mund die Figur des Kilian aber aus der Überzeichnung ins Lächerliche wieder zurückgeholt und zum eher biederen, guten, braven, ehrlichen Valentin umgeformt, der aber eben *kein Held* ist. Von diesem, genauer: von Rosas Vorstellung von einem im täglichen Leben wichtigen, ernstzunehmenden Mann, den sie heiraten möchte, handelt das Lied. Es führt sie in Gedanken durch verschiedene Berufe hindurch, um schließlich doch bei „ihrem" Tischler zu landen und zu bleiben. Heldische Ballade fungiert als Ironie auf die Suche des Dienstmädchens nach ihrem „Helden". Ihr durchkomponierter Charakter stimmt mit dem Gang durch die Möglichkeiten überein; ihr Zwiegesprächcharakter knüpft an klassische Balladen an.

Gehen wir die einzelnen Strophen durch. Das *Vorspiel* beginnt mit zwei viertaktigen fanfarenartig ankündigenden Halbsatzbildungen, nach denen es in zwei zweitaktigen Bildungen quasi kurz und bündig abkadenziert. Damit baut es wirkungsvoll Erwartung auf.

Die Melodie der *ersten Strophe* wird durch Sextauftakt und tonikales Gelten im ersten Takt als resolut bestimmt. Das nachfolgende Zurückkehren ist Anlauf zu neuem, bestimmendem Sextsprung, der quasi ‚noch eins drauf setzt'. Der zweite Zweitakter knüpft motivisch an und führt zum Halbschluss auf der Dominante. Charakteristisch gibt sich hier das Hin und Her der Melodielinie:

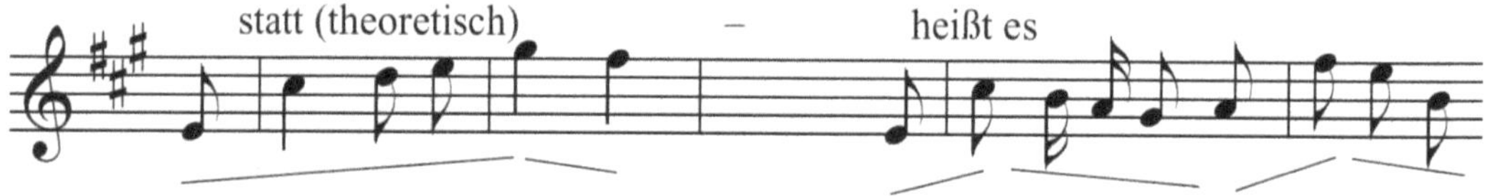

In die theoretisch gerade Linie zum *fis''* – die Ausweichung zum *gis''* ist hier einem Motiv bei Brahms geschuldet – ist eine floskelhafte Figur eingeschoben, die zurückschwingt unter den Grundton und dem Festen das eher Nette, Grazile zugesellt, um von da wieder die sowohl auftrumpfende wie gefühlvolle Sexte zum Dominantvorhalt *fis* anschließen zu können, zum Vorhalt, dessen Auflösung über das *e* floskelhaft bis zum *h* durchgeht, dieses als Umkehr- und Ausgangspunkt zum Anschließen des Sext-Motivs aus dem ersten Takt verwendend. In diesem Sinn charakterisiert die Melodieführung, bedeutungszentrale Worte hervorhebend, mit Tonika-Dominant-Wechsel den Text als eher augenzwinkerndes Auftrumpfen, das sich seiner Schwäche von Anfang an bewusst scheint.

Dabei ist die Melodie mit ihren Hochtönen jeweils am Taktbeginn und den angehängten melodischen Floskeln deutlich Tanz; sie konkretisiert den Ton der Leichtigkeit durch Sprünge und ‚Dreher' (Figur im ersten Takt), aktiviert also ein alpenländisch-lokales Idiom.

Damit erscheint (auch) *Singen* doppelt gebrochen, wie die Sprache selbst, die mit einer Metaphorik arbeitet, die auf ein Vorverständnis des Publikums rechnet. Kreutzer koppelt melodisch eingängige Formeln zu überschaubarer, stimmiger Architektur; die Begleitung unterstützt das resolute Auftrumpfen. Ein solches Vorgehen rechnet mit (auch) musikalischem Understatement des Zuhörers, spielt quasi mit dem Anrühren eines prinzipiell Vertrauten und korrespondiert mit der entsprechenden Ebene des Textes, der ja nicht ernsthaft für oder gegen jenen Beruf argumentiert, sondern mittels z. T. durchaus lebenserfahrungsbezogenen Vor-Urteilen und Pointen prinzipiell Ge- oder Bewusstes schlagartig aktualisiert. Hier wird textlich wie musikalisch Verbundensein evoziert, Verbundensein nicht nur untereinander (zwischen Schauspieler und Zuschauer/-hörer), sondern auch mit einem gemeinsamen Dritten, das beide als Teil eines Ganzen charakterisiert resp. idealistisch (im Sinne dessen, was das Stück zu sagen hat) auszeichnen *soll*. „Spielen mit" dem Publikum (im Sinne sozialer Einbeziehung) realisiert sich parallel textlich wie musikalisch; die Musik stimmt zum Text bzw. seiner „spielerischen" Intentionalität.

Die (textliche) Strophe wird zur achttaktigen Einheit durch die auf den Ganzschluss hin variierte Wiederholung des viertaktigen Halbsatzes vervollständigt; hier beendet ein Sextsprung abwärts den Melodieverlauf. Der viertaktige Schluss des Vorspiels als Zwischenspiel rundet diese Strophe musikalisch erst einmal als Herausforderung ab. Die *zweite Strophe*, von Valentin gesungen, nimmt diese auf, zahlt mit gleicher Münze zurück: sie ist identisch mit ersterer, mit Ausnahme der Septe in der Schlusswendung (gleichsam der erhobene Zeigefinger). Solche scheinbar nebensächlichen Veränderungen im Melodieverlauf weisen ebenso auf körperliches Mitspielen, wie Varianten in der Begleitung – hier z. B. der die Halbsätze verbindende Leitton (Takt 28) – sowohl architektonischen wie charakterisierenden Zweck verfolgen. Dies gilt auch für das zweitaktige Nachspiel, dessen zweimaliges Bestätigen der Schlusssexte sowohl wirkungsvoll abschließt wie es Valentins Gerede als vielleicht auch eitle Leerformel charakterisiert.

Die beiden ersten Strophen mit Vorspiel und abschließenden zwei Instrumentaltakten bilden die in sich geschlossene *Eröffnung*. Ihre zwei achttaktigen melodisch aufeinander bezogenen Strophen konstituieren 16-taktige Größe, sind aber durch das Zwischenspiel zu einer Art Gegenüber auseinandergerückt, was eine in sich geschlossene Ereignishaftigkeit konstituiert. Die Eröffnung, zu einer komplexhaften Größe erhoben, dient als zweifaches Modell: einmal im Sinne der *melodischen Strophenbildung* per achttaktigem Gebilde, das mit variierter Halbsatzwiederholung arbeitet, jetzt (bis Strophe 8) auf die Korrespondenzpartner aufgeteilt; zum anderen im Sinne der *Bildung größerer Komplexe*. Dabei leistet nach dem Durchlaufen eines Dominant- und eines Subdominant-Komplexes eine auf den Dominantseptakkord zielende Strophe Rückführung zu einem Schlusskomplex mit (wiederum) zwei ungeteilten Strophen und einer Duett-Coda.

Wie sich die Strophen*melodien* in den Gesamtorganismus einfügen, gleichzeitig den anderen o. a. Kriterien entsprechen, veranschaulicht ihr Vergleich (vgl. Notenbeispiel auf der übernächsten Seite).

Die *dritte Strophe* (Rosa) setzt an der *cis*-Achse der ersten beiden Strophen an und wendet sich zum dominantischen *h* als neue Achse mit *cis* als Schlusston. Mit ihrem einfacheren melodischen Duktus beginnt sie ein zuerst eher mattes Aufzählen der Möglichkeiten. Valentins Halbstrophe fällt gleich mit *h* Rosa ins Wort. Die Punktierungen signalisieren nicht nur (z. B. bei Rosa) Texthervorhebungen, sondern sie charakterisieren auch Haltung, körperliches überzeugenwollendes Mitgehen beim Sprechen (z. B. Valentins). Ebenso in der *vierten Strophe*, die ebenfalls melodisch offen auf *gis* endet. Der Oktavsprung am Beginn verdeutlicht den das Vorhergehende übertrumpfenden Einfall: nein, nein, jetzt weiß ich: ein Drechsler... Auch hier fällt Valentin auf dem Spitzenton *e* ins Wort.

Die *fünfte Strophe* perpetuiert verstärkend den Charakter des in-Bewegung-Kommens nicht nur melodisch, sondern nun auch harmonisch: sie nimmt das melodisch offene Ende hoch auf und führt (rück-)modulierend zur Tonika zurück. Gleichzeitig wird der Ton lebendiger, schnippischer im Sinne versuchter, sich von Valentin absetzender, eigener Überzeugung Rosas; auch die Begleitung steigert den gefälligen Ton. Valentins Replik schließt den Komplex mit dem Sextintervall, das auch die Eröffnung beendete, ein nachgeschlagener Schlussakkord verstärkt den Zwischenschluss, eine Fermate über der Pause bedeutet auch so etwas wie kurzes Zwischenbedenken oder Atemholen. Die *sechste Strophe* setzt am (vorhergehenden Schlusston) *a* neu aufsteigend an, führt dabei das harmonische Gefälle weiter. Wieder ist der erste Takt ein dominantischer Takt zur Subdominante hin. Die Melodie weist also scheinbar *in eine neue Richtung des Bedenkens* mit scheinbar neuer Festigkeit; die 1' von Takt 2 ist erstmals kein Vorhalt. Auch die Hochtöne heben Wesentliches bestimmt hervor. Und auch die *siebente Strophe*, obwohl sich rhythmisch und im Duktus an die fünfte anlehnend, signalisiert mit ihrem Ausweichen in die Subdominantparallele ein Weiterbedenken. Deren Schlussbildung, an der des Dominant-Komplexes angelehnt, meidet den Sextsprung zum *gis*, wohl um der Fortführung des melodischen Duktus in Strophe 8 willen, erst abwärts zum *gis*, dann aufwärts zum *e*. Dieses hohe Ende der Strophe auf dem Dominantgrundton *e* ist gekoppelt mit einem Anzielen des D^7-Akkordes, das in einem viertaktigen instrumentalen Zwischenspiel (analog einem Durchführungsende) betont herausgestellt erscheint. Danach wendet sich die Musik zum Text „Kurzum, ich wend im Kreis herum vergebens meinen Blick" zurück zur tonikal ausgerichteten Strophe mit der Einsicht des vergeblichen Sich-Umschauens nach anderen sowie der Quintessenz Valentins: Verlass dich nur auf ‚deinen' Tischler, denn: kriegt das Glück einmal einen Sprung, der Tischler kann es wieder zusammenleimen.

Schließlich wird die personale Einheit der Strophen ebenso wiederhergestellt, wie die durch variierte Melodiewiederholung erwirkte Bildung der 16-taktigen (real hier 20-taktigen) Einheit, durch Erweiterung der Strophenschlüsse betont herausgestellt und mit der Schlusssexte endend. Die deutlich angehängte Coda (*Piu mosso*) – nicht mehr in der Synopse abgebildet; vgl. Partitur – ist (textlich) dem versöhnlichen Ausblick als Anhang in Richtung Publikum gewidmet: trotz persönlich erscheinender Vor- und Nachteile dieses oder jenes Handwerks ist der Stand des „wackren Handwerksmanns" ein schöner und ehrbarer; mit jedem seiner Vertreter kann man selbstverständlich das Glas erheben und anstoßen. Dass sich in dieser Einschätzung – und das erscheint für die Moral des ganzen Stückes nicht unwichtig – beide einig sind, verrät die Duettfaktur: Die betont alpenländisch-lokale Motivik (von den Sexten der Eröffnung her legitimiert) entfaltet sich im Zusammenspiel von Instrumenten und Singstimmen. Hier tendiert der Satz in Richtung eines zeitgemäßen Singspiel- bzw. „Operetten"-Stils mit einem spielenbetonten Ineinander- und Miteinander-Singen. Dass ein solches mit Schülern wohl nicht mehr zu bewältigen ist, scheint naheliegend; es ist von den Protagonisten kaum mehr erfüllbar.

Das vergleichbar einfache oder besser eingängige Melos, mit deutlicher landschaftlicher Idiomatik, stets der Gefahr des nivellierenden Zersingens ausgesetzt, ist durchaus *bis in Text und Bewegung hervorkehrende Figuren und Einzeltöne hinein gestaltet*. Gleichzeitig erscheint der auch in seinen Begleitfiguren wohldosiert abwechselnde *Satz* auf einen *Gesamtorganismus* wie *auf ein immer wieder neu sich melodisch und textlich wendendes Durchmessen eines Weges (=Prozesses) zu einem Ziel hin* angelegt. Damit kommen wir dem hiermit gemeinten *Singen* sicher sehr nahe. Es bedeutet Zusammenspiel von *stimmlicher* und (intendierter) *körperlicher* Bewegung auf *unmittelbare kommunikative Wirksamkeit* hin: der „*Tonfall*" im Zusammenhang mit der konkreten (jeweils vom Kontext bezeichneten *Situation* des Singenden!) teilt sich (vor allem dem damit über seine Sozialisation Vertrauten) als „Bewegtwerden von" mit und wird tendenziell als ein intuitives *Verstehen dessen, der singt* aufgenommen, vermittelt freilich über eine Art prinzipielles

Die nebenstehende Synopse verdeutlicht das stets neue Sich-Bilden der zu „erfüllenden" Strophenmelodien im Duett: Die immer wieder neuen melodischen *Wendungen* bedeuten ein stets erneutes *Sich-Wenden-an* mit körperlich unterstützten Texthervorkehrungen. Diese werden erzeugt bzw. unterstrichen durch sorgsam nuancierte rhythmische und melodische „Varianten" (wie z. B. Punktierungen). (Der Schlussteil (Piu mosso) ist hier weggelassen.)

56

Einverständnis mit dem, was die materiale Ebene über textlich wie melodisch vertraute Formeln (als ein Miteinander-Vertrautsein) zur Geltung bringt.[29]

Der Organismus dieses Duetts ist eigentlich nicht kürzbar durch Herausbrechen dieser oder jener Strophe (und im übrigen auch nicht auf jene 12 Strophen der vorliegenden Textfassungen erweiterbar!). Ein solches Verfahren würde ihn zerstören. Da die Schlusscoda als (für Schüler) kaum ausführbar erscheint, wurde diese auf ein das motivische Material und den konstruktiven Stellenwert erhaltendes instrumentales Nachspiel gekürzt, ihr Text aber so nach vorne verschoben, dass die Lücken der auszulassenden Strophen geschlossen werden konnten. Gleichzeitig wurde der musikalische Satz von Strophe 10 (= eine „wörtliche" Wiederholung von Strophe 9) herausgenommen, was im Hinblick auf den Prozesscharakter erträglich erscheint, da ja bereits in Strophe 9 die zweitaktige Erweiterung einen Schluss signalisiert. Auf sie fällt dann auch passend das resümierende und wiederholte „...ich biet das Glas ihm an", wie auch die ganze Quintessenz nun auf die (tonartliche) Reprise erscheint (melodische Strophe 9). Während Rosas (textliche) Umkehrstrophe (9) nun noch im Subdominantkomplex (melodisch Strophe 7) gesungen wird, immerhin dort, wo dieser zur Tonika zurückführt, fällt Valentins Strophe 10 („Verlaß dich...") auf jene (harmonisch) zur Dominante führende Melodie. Dies ist sicher mehr als nur ein Schönheitsfehler, hängt aber anderseits die Quintessenz (vom wack'ren Handwerksstand) wirkungsvoll an. Trotzdem bleiben musikalischer Satz und Verlauf sowohl mit den (ironischen) Ebenen des Textes als auch mit dessen körperhafter Umsetzung in Spielen verknüpft: die Musik realisiert ungestört die Intention des Theaters eines „Spielens mit" in einer Weise ihrer *eigenen* Gesetzlichkeit; diese blieb trotz Bearbeitung relativ unangetastet.

---

[29] Bei der Formulierung der Melodien spielen sicher auch überkommene „textlich-musikalische Strukturen rhythmisch-metrischer Art" eine Rolle, wie sie K. Gudewill (*Über einige „Töne" von volkstümlichen Liedern, Singspiel- und Opernliedern des ausgehenden 18. und 19. Jahrhunderts*, in: *Opernstudien. Anna Amalie Abert zum 65. Geburtstag*, hg. von Kl. Hortschansky, Tutzing 1975, S. 103-119) beschrieben hat. Doch Entscheidenderes leisten die *Tonbewegungen* selbst, vor allem die sensibel ausformulierten „Abweichungen" von (denkbaren) Modellen. Insgesamt jedoch erscheint das Festhalten an der Beschreibung des *Gegenstandes* einem analysierenden Bemühen im musikpädagogischen Arbeitszusammenhang unbefriedigend. Vielmehr fragt es nach den *mit* den Gegenständen gemeinten resp. von ihnen dokumentierten Handlungen, hier also nach dem *Singen*, und nach den sie zeitgemäß wie einmalig bestimmenden Vorstellungen von ihnen.

Da sich ein ähnliches Verfahren (wie im Duett, aber auch wie in der Introduktion, vgl. u.) auch für den *Schlussgesang* (Nr. 18) anbietet, sei dessen musikalische Bearbeitung hier angesprochen.[30] Einerseits: Ein Schluss-Tableau gehört zum Theater Raimunds; es gliedert sich dem Spielen des Spiels an, einschließlich des geschilderten Heraustretens aus der Rolle. Wie Theaterzettel der Zeit darlegen, gab es für die Einrichtung solcher (Schluss-)Bilder oft eigens genannte Regisseure resp. Dekorateure. Anderseits, das Schlussbild krankt hier am Bild selbst: Während Valentin die Strophen anstimmt, deren letzte Verse jeweils vom Chor aufgenommen werden, „sieht man auf den Bergen in der Ferne die Senner und Sennerinnen die Kühe von der Alm treiben"; diese sollen den Refrain „wie Echo" singen: „Dudeldide dudeldide!..." Dieses Bild aus der Zeit der Entdeckung der Alpen und des Wanderns in der Natur der Alpenwelt[31] als Beispiel für Zufriedenheit durch Genügsamkeit und Einordnung in ein Leben mit den scheinbar nur natürlichen Gegebenheiten wird hörbar unterstützt durch unmittelbares Zitieren alpenländischer Melodik,

wie sie uns heute eher als Beispiel einer Salon-Folklore erscheint (– endgültig „vernichtet" durch V. v. Bülows Jodelseminar-Sketch). Beide, Bild wie Musik, sind nach deren Vermarktung so nicht mehr schadlos verwendbar und auch nicht mehr in Raimunds Sinn aussagekräftig (wenn sie überhaupt je in der vorliegenden sprachlichen und musikalischen Fassung als geglückt anzusehen gewesen waren).

Auch hier folgt die Umarbeitung dem Grundsatz, die Musik in der Funktion im Spiel aufrechtzuerhalten, den in ihr zu singenden Teil aber auf ein

---

[30] Allerdings: während im Duett Singen als Instrument eines körperlichen Präsentwerdens erscheint, steht hinter den chorischen Partien des Schlussgesangs keine Aktivität, eher reine Sentimentalität!

[31] Auch Raimund selbst suchte Erholung vom beruflichen Stress vorwiegend darin, mit Freunden in den Alpen zu wandern; vgl. R. Wagner, a. a. O.

(uns heute) einsichtiges und den Schülern zu realisierendes Maß zu beschränken. Für die hier zugrundeliegende Aufführung ausgewählt ist Valentins dritte Strophe, „Jetzt gehn wir zur Tafel…", wobei die Wiederholungen der ersten beiden und der vierten Zeile(n) jeweils (unisono) chorisch aufgenommen werden. Das anschließende kurze Nachspiel bleibt auf der Doppeldominante stehen und geht (bei langsamen Schließen des Vorhangs) in eine Reminiszenz an eine der Fee Cheristane zugeordnete stimmungsvolle Melodie (vgl. auch Melodram, u. S. 130) über. Ich folgte hier einer in der vorliegenden Partitur (von Kapellmeisterhand) skizzierten Anregung, offensichtlich aus der Bühnenpraxis, die das Tableau mit einer „zauberhaft" wehmütigen Erinnerung an das Geschehen des Stückes schließen lässt. (Dass dabei die eigentliche „Moral" Valentins verloren geht, ist mehr als ein Schönheitsfehler; retten könnte sie wohl nur ein vorsichtiges Umdichten der ersten beiden Strophen unter Eliminierung des Refrains.)

Hinzuweisen ist aber auch hier auf die besondere rhythmisch-melodische Bildung bei „(vielleicht setzt sich) *ihre Zufriedenheit* drauf", die das Spielen des Singenden in seiner besonderen Rolle unterstützt (vgl. umseitiges Beispiel). Während das Strophenmelos schnörkellos gleichmäßig ohne rhythmische Finessen vorangeht, finden sich am Schluss plötzlich zwei „gestische" Punktierungen, kombiniert jeweils mit betonendem melodischem Ausgreifen.

In solcher Melodieführung – wohl durch Raimund mitverantwortet (vgl. o.) – „sieht" man regelrecht die auf Flottwell gerichtete schauspielerische Geste des den Valentin spielenden Raimund.

Zu den weiteren (Chor-)Sätzen

Die Kenntnisnahme der *Stücke mit Chor,*
- die Nummern 1, 5, 8 und 12 für dreistimmigen Männerchor,
- die Nummern 10, 11 und 18 für Gemischten Chor,

kann an Beobachtungen zur Melodiebildung im Duett anknüpfen. Auch in ihnen werden in der Regel eingängige Melodiebausteine zu überschaubaren Gebilden gefügt, in denen (im Rahmen entsprechender Gesetzlichkeit) eine sensible Verantwortung für den Einzelton spürbar ist. Gleichwohl lehnen die Stücke sich eher an Bühnenmusik an, nicht so sehr an Lied. Formal gesprochen: als komplexere Gebilde mit kontrastierenden Innenteilen stellen sie den Sängern komplexere Aufgaben, die immerhin an die Grenze dessen gehen, was von Schülern singend und spielend in der implizierten Haltung auszufüllen ist. Grundsätzlich sind die Chorsätze zwar auch von einem Schülerchor zu singen, vorausgesetzt man verfügt über bereits entwickelte Männerstimmen. Doch gestaltet sich nicht nur ihr Studieren als Zeitproblem; auch das *Singen* selbst, von dem Opernchöre im 19. Jahrhundert eine entwickelte, vom Subjekt weit entfernte Vorstellung eines stimmlichen Vollziehens einer eher kommentierenden Rolle verwirklichen, erfordert, das eigene Singen gleichsam *instrumental* einzusetzen und damit ein wohl das Alter überforderndes Maß an vorauszusetzender Zweckinvestition. Deshalb sind Kürzungen und Streichungen nicht zu umgehen. (Möglicherweise kommen solche auch heutigen dramaturgischen Auffassungen zugute; eine komplette Spieldauer von bis zu vier Stunden ist heute kaum mehr vertretbar.)

Zuerst zur *Introduktion* mit dem *„Chor der Bedienten"* (Nr. 1)! Sie wurde bei den hier vorbereiteten Ausführungen einer weitgehenden Bearbeitung unterworfen: Ihre Chorpartien wurden vollständig eliminiert, die Musik (als Instrumentalstück) z. T. auf ihre Rahmenmusikfunktion begrenzt resp. als „Hintergrund" für das stumme Spiel der Diener benützt. Das Verfahren (statt vollständiger Streichung) bot sich an, weil die Musik zum Eingangschor von sich aus per „Introduction" ein kurzes einleitendes Vorspiel vorausschickt, nach welchem das Stück erst richtig, d. h. im Sinne des textlichen „Hurtig, hurtig!", in Fahrt kommt. Als solches begleitet es die in der Regieanweisung beschriebenen emsigen Beschäftigungen der Dienerschar; die Musik macht das in der textlos akustischen Dimension wahrnehmbar, was dessen Text sagen sollte.

Aus der Erfahrung mit dem Stück sei am Rande auf ein mögliches *weitergehendes* Bearbeitungsverfahren aufmerksam gemacht, das die Schüler in ihrer Weise mittels eines in den instrumentalen Satz eingebauten *Kanons* am Singen beteiligt. Dabei wird ein Abschnitt der (original) zu singenden Partie (Takte 11 bis 16 bzw. 25 bis 30) intern als Kanon bearbeitet und entsprechend seiner Entfaltung (wiederholt) zwischen die Takte (z. B. 24 und 31) eingebaut, bevor das Stück instrumental sich fortsetzt. Der Kanon setzt als einfacher Lagenkanon der (hier) unisonen Originalpartie harmonische Ausfüllung hinzu; die angegebenen Instrumente können sich *colla voce* (jeweils vom Beginn eines Stimmeneinsatzes!) beteiligen:

Für solches Bearbeitungsverfahren sprechen im wesentlichen *pädagogische* Gründe. Kanonsingen kann heute noch schadlos als Repräsentanz einer Klassengemeinschaft gelten, die dieses Spiel zustandebringt. Es verleiht ihrem Singen einen sowohl auf sie wie auf das Spielen gemünzten Sinn. Denn als kooperatives Agieren konstituiert es gleichzeitig die „Menge" im Spiel: alle artikulieren das Gleiche, nur nicht zur gleichen Zeit. Schließlich: ein Kanon ist auch ohne Spiel als er selbst lernbar und vor allem singbar; sein Umtexten auf andere Gelegenheiten danach wird kaum Schwierigkeiten bereiten. Trotzdem scheint mir solcher Kanon-Einbau nur statthaft, wenn er sich von der Struktur des originalen Stückes her anbietet. Die Bearbeitung aus pädagogischen Gründen muss künstlerisch vertretbar sein.

Das nächste Chorstück, im elften Auftritt des I. Aktes (Nr. 5), gehört zu einer kontrastierenden Einblendung zwischen den beiden Cheristane-Szenen: „Verwandlung in einen kurzen Wald...", die Jäger ziehen mit einem *Jagdchor* über die Bühne, und Valentin, der nach dem Abzug der Jäger aus einem Gebüsch hervorkommt, in welchem er versteckt war, singt sein Lied über das Jagen. Fällt der Jagdchor weg, hängt Valentins Lied in der Luft.

Erfindungskern des Jagd-Chores ist ein Hornquintengang. Der Befund des Chorsatzes weist einen Weg der Bearbeitung: Er ist von sich aus nicht auf vollstimmige Wirkung hin angelegt, sondern auf die Mitwirkung von

Instrumenten hin berechnet. Deshalb wäre seine Dreistimmigkeit ohne große Verfälschung auf die quasi folkloristische Zweistimmigkeit der Oberstimmen über instrumentalem Bass zu reduzieren. Aber auch die Horizontale bedarf wohl des Eingriffs: der quasi fünfteilige Satz

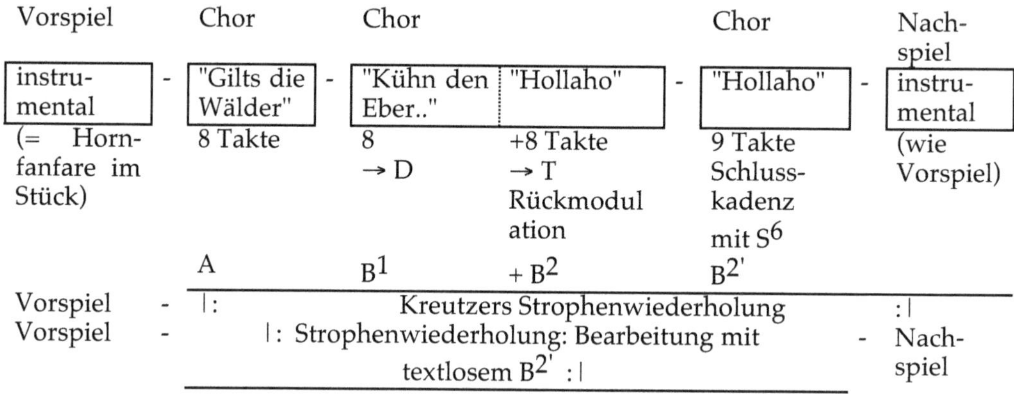

besitzt im letzten Chorabschnitt ($B^{2'}$) ausdrucksmäßige Tücken, die ein Eliminieren des Chorbestandteils nahelegen. Die neun Takte bleiben als Instrumentalnachspiel jeweils der Strophen 1-3 erhalten. Erst nach der dritten Strophe folgt das eigentliche Nachspiel. Zur Instrumentierung bietet sich hier die Verwendung eines Horns an - einen Hornisten findet man eventuell an jeder Schule - da das erste Horn auch im Original z. T. als Überstimme über der Chorsatzbegrenzung fungiert.

Die *Indroduktion mit Chor (und Bettler)* des II. Aktes (Nr. 8) behält trotz ihrer Drei- resp. Fünfteiligkeit im durchgehenden Allegro-6/8-Takt einen übergeordneten Charakterzug bei. Sie beginnt als Einleitung, leichtfüßig geschwätzig, in F-dur ihr bis zu zwei Takte langes Motivchen durchmodulierend, um nach 33 Takten („Vorhang auf") in das *Allegro bacchanale* überzugehen, eröffnet von sich steigernder Trompetenfanfare, fortgesetzt vom Chor, der aus dem Introduktionsmotiv seinen Chorsatz entwickelt: „Lasst brausen im Becher...". Nach den etwas abrupt zur Dominante modulierenden ersten 12 Chortakten (zu den ersten beiden Text-Zeilen) führen die Violinen ein für das spätere Bettlerlied charakteristisches Taktmotiv ein, zu dessen D-T-Wechsel die Chorstimmen die weiteren Zeilen parlieren und mit ihrem „Ha, ha, ha" beenden. Als dritter Abschnitt schließt sich unmittelbar die *Strophe des Bettlers* an, nun abrupt nach F-moll wechselnd. Die getragene Melodie mit ihrer 6/8-Begleitung (z. T. fast zwangsläufig an romantische Vorbilder erinnernd) wird ab und an von Choreinflechtungen

(„Ha, ha, ha" etc.) ergänzt bzw. kontrapunktiert, die (gem. Regievorschrift) sein Lied gleichsam beantworten. Aus solchem Choreinwurf geht die Musik wieder unmittelbar nach F-dur und in die Trompetenfanfare über: es folgen 70 Takte mit dem jeweils zweiten Strophen des Chores und des Bettlers, identisch mit den (hier so bezeichneten) zweiten und dritten Abschnitten, abgeschlossen mit fünf den F-dur-Schluss glänzend bestätigenden Takten.

Der Chorsatz ist nicht übermäßig kompliziert, ja sogar stimmenmäßig absichtsvoll einfach, was die Theaterkapellmeister bewog, ihn – wie die Partitur ausweist – vollstimmiger zu machen. Aber, er ist als musikalischer Vorgang in den Instrumentalsatz eingeflochten, stets unterbrochen, außer im ersten Motiv relativ unselbständig. Man kann ihn nicht zum Proben und für sich singen, liedartig herauslösen: er ist untrennbarer Bestandteil einer selbst „parlierenden" Musik und damit als Singen untrennbarer Bestandteil des parlierenden Sich-Gebens dieser vornehmen Gesellschaft, also des Spielens. Deshalb halte ich diesen Chorsatz als für Schüler nur schwer singbar. Besser wäre aber auch hier, die Musik unter Integration der Chorstimmen in den Instrumentalsatz zu belassen statt sie zu streichen. Die Chortexte werden dabei (zeilenweise wechselnd) von Teilnehmern des Festes gesprochen. Musik dient also als Introduktion und Hintergrund, als hörbarer Repräsentant der Ausgelassenheit der Gäste, als charakterisierender Schmuck des Festes. Eingeblendet als Singen bleibt aber das Lied des Bettlers: es hebt sich ab vom Parlieren. Seine Melodie tendiert in Richtung entwickeltes (Kunst-)Lied im Schubertschen Sinn mit einem zusammenhängenden, den Text und sein Sprechen unterstreichenden Melodieverlauf.

Sprechen wir hier eine weitere *Bettler-Partie* an. Das Lied des Bettlers (Nr. 9) erscheint nochmals in der Szene mit dem Juwelier (II/8), nun nach E-moll versetzt. Die Melodie entspricht den Strophen im vorhergehenden Chorstück; man erkennt, es ist *sein* Lied, wenn auch etwas abgekürzt. Vorspiel und Nachspiel sind auf knappste Takte beschränkt; eine interne Wiederholung der dritten und vierten Textzeile ist evtl. als Hinzufügung des Kapellmeisters zu interpretieren. Die Wiederaufnahme dieser Zeilen im gleichen Auftritt nach dem Abgehen des Juweliers ist mit einer eigenen zweitaktigen Intonation versehen (nur Streichquintett plus Harfe; ohne Bläser). Die Intrumentalparts des Bettlerliedes könnten wohl einer Solovioline und einem begleitenden Klavier überlassen werden; letzteres hätte den Part der Harfe zu übernehmen, die einzig den Bettler auszeichnet.

Der 11. Auftritt des gleichen Aktes wird eröffnet durch einen „*Chor und Tanz*" (Nr. 10). Dieser ist offensichtlich so angelegt, dass den Gästen ein Tanz mit „Tänzer(n) und Tänzerinnen in spanischen Kostümen" vorgeführt wird, während die Gäste als (Gemischter) Chor die Situation kommentieren. Dabei treten die Hauptakteure ein und setzen sich. Diese Konstellation ist musikalisch aufgehoben im Satz: Während sich der Tanz (6/8-Takt) mit deutlich herausgehobener Führung in den ersten Violinen entfaltet, erscheint der Chorsatz als im Rhythmus des Tanzes deklamierender Teil der Begleitung, geschickt in die Architektur der Oberstimme eingelassen, mit ihr korrespondierend, mitunter sich, vorsichtig bestimmend, im Satz hervortuend. Auch hier überwiegt ein schmiegsames, in den Ablauf integriertes begleitendes Singen, obwohl durchgehend im kompakten vierstimmigen Satz. Auch hier hieß und heißt wohl die Lösung: Beibehalten des Tanzes – in der Ausführung hier wurde er als Klavierstück und als Solostück für Violine und Klavier bearbeitet – und Eliminieren des Chorsatzes; auch dessen Text scheint hier durchaus entbehrlich ohne wesentlich zu verstümmeln. Die deutlichen Schlusslängen wären im Einklang mit Kapellmeister-Eintragungen in der vorliegenden Partitur zu kürzen (vgl. eingeklammerte Partien im Patiturteil).

Im gleichen Auftritt schmückt ein weiteres Chorstück, „*Lied mit Chor*" (Nr. 11), die Szene, in der Flottwell seine Gäste mit der Aussicht von seinem neuen Schloss überraschen will, indem er ein bislang sorgsam verhängtes Fenster öffnen lässt. Doch hinter dem Fenster erscheint nicht nur jene Landschaft, die die Gäste in Entzücken fallen lässt, sondern auch - nur für Flottwell sichtbar - der Bettler. Bereits während des Öffnens setzt, breit die Dominante ausspielend, „leise beginnende Musik" ein; sie mündet in einen Chor der „entzückten Gäste". Gemäß Partitur geschieht Flottwells Frage, „Gibt es eine schönere Aussicht?" erst nach der ersten Chorzeile während des Innehaltens auf der D-Aufgipfelung; erst danach, in Takt 10, beginnt thematisch das Stück, setzt erstmals Tonika ein. Die Musik ist also gleichsam in und um die Szene komponiert. Ihre Einleitung stellt in Erwartung; diese wird erfüllt von einer weit ausgreifenden Melodie sinfonischen Charakters, welcher sich (bei ihrer Wiederholung) der Chorsatz hinzugesellt.

Nach dem Strophenende bleibt die Musik im vermollten Streicher-Tremolo „stehen"; über ihm, verstärkt durch tiefe Klarinetten und Harfeneinwürfe, erhebt der *Bettler* seine Stimme. Sein Lied erklingt, wiederum abgewandelt, und entfaltet sich bei den Textzeilen 3 und 4 zur größeren melodischen Geste hin. Eine Reminiszenz an den sinfonischen Dur-Gedanken beschließt das Stück. Auch hier wird man um Streichung kaum herumkommen. Die Musik, ohne zusätzliche dramaturgische Funktion, signalisiert Darstellung. Obwohl, wie angedeutet, ins Spielen (z. B. des Erwartens oder des Entzücktseins) verstrickt, bedeutet sie ein eher retardierendes episches Innehalten und Überwechseln in ein vom musikalischen Anspruch her opernhaftes Ausgestalten des Bildes. Sicher ist dies gerade auch der Zweck: Innehalten, Ausblicken auf die Natur und nochmaliges Menetekel durch den Bettler, unmittelbar bevor die Situation sich dramatisch zum Duell und zu dem Punkt hin zuspitzt, von dem aus es kein Zurück mehr gibt. (Auch der in der Partitur hier angehängte, als Einlage vorgesehene?, *Tanz* mit einem ersten weit ausholenden Adagio-Teil und einem anschließenden eher galopp- als polkaähnlichen *Allegretto molto* (2/4) diente wohl dem Zweck des Retardierens.

Immerhin wäre als Kompromiss vorstellbar, den Chorsatz zu eliminieren, die Musik zu ihm auf Einleitung (Dominantausgestaltung) und Exposition des sinfonischen Themas (ohne interne Wiederholungen) zu kürzen und als Vorspiel der Bettler-Strophe voranzustellen; diese Strophe wäre dann aber ganz beizubehalten, einschließlich der Schlusstakte.

Im 17. Auftritt des II. Aktes findet sich schließlich jene *Szene des betrunkenen Valentin*, den Wolf von den Bedienten hinauswerfen lässt. Im Text erscheint sie als breit ausgestalteter melodramatischer Auftritt. Es ist vielleicht nicht überraschend, dass diese Szene so in der mir vorliegenden Partitur nicht enthalten ist, was die Frage nach ihrer Gültigkeit aufwirft. Vertont ist nur (im rauschenden *Vivace*) der erste Chortext („Fort, nur fort! Packt euch...“). Alles andere (Soli von Rosa und Valentin sowie weitere Chortexte) fehlt. Den Chorsatz kennzeichnet eine das Durcheinander wiedergebende korrespondierende Arbeit der Stimmen. Das Stück ist für Schüler kaum ausführbar. Nachträgliche Kapellmeister-Eintragungen in der vorliegenden Partitur zeigen, dass auch Bühnenaufführungen diesen Chor weggelassen haben(?) bzw. dessen letzte 10 Takte „ohne Chor“ als (wiederholte) „Prügel“-Musik verwendeten (vgl. im umseitigen Kasten).

Fassen wir zusammen, so bleibt als einziges wirklich zu singendes Chorstück evtl. der Jagdchor im ersten Akt; während zwei andere Chorpartien (Introduktion im ersten Akt; Schlusstableau des III. Aktes, vgl. o.) in starker Vereinfachung einbezogen werden. Die anderen Chorstücke bleiben höchstens als Instrumentalstücke bestehen. Gleichwohl reichen sie über die

Die stark verkleinerte Partiturseite zeigt einen Ausschnitt aus dem Schluss des Dienerchores „Fort, nur fort" im 17. Auftritt des II. Aktes, als der betrunkene Valentin den Kammerdiener Wolf „in die Arbeit nehmen" will. Die anhand der hier vorliegenden Partitur geleitete Aufführung (u. a.) von 1902 löste diesen Schluss ab und verwendete dessen Musik ohne Chor als Begleitung einer möglichen Prügelszene nach Valentins Worten „es wird schon ein anderer Lump (Spitzbub) sein". Andere Aufführungen setzten sie offenbar ähnlich einige Sätze später ein.

Die Seite weist darauf hin, dass eine solche professionelle Partiturabschrift durchaus Leseprobleme enthält. Schreib-Zeit und -Platz kosteten Geld; deshalb wurde sparsam verfahren. Schlüssel sind nur jeweils an Stückanfängen notiert. Auch im freien Takt am Beginn der Seite bedeutet der Buchstabe „B" über ihm, dass hier (schon vorher in der Partitur ausgeschrieben und mit Buchstaben versehene) Instrumentaltakte wiederholt werden. Notiert sind unten die drei Chorstimmen (in zwei Tenorschlüsseln und Bassschlüssel); darunter der Instrumentalbass, darüber Viola und die beiden Violinen, die unisono resp. „in 8va" gehen. Die Bläserstimmen verzeichnen (von oben) Flöten, Oboen, Klarinetten (in *A*; eine kleine Terz höher notiert) und Fagotti; dann Hörner in *D* (Violinschlüssel; in *C* notiert), drei Posaunen (beide Zeilen mit Bassschlüssel), Trompeten in *D* (wie Hörner notiert) und Pauken.

Funktion einer Rahmenmusik noch weit hinaus: die starke *Bindung* ihrer musikalischen Vorgänge *an den Spielenprozess* (der dann nicht mehr Singenden) lässt sie auch ohne explizite Gesangspartien als *Vergegenwärtigung eines von den Spielenden Gemeinten* wirksam werden, das mit deren Aktion zur Einheit sich verbindet.

Ein Wort zur Musik des Bettlers

Die Figur des Bettlers (Azur), die ja nur von Flottwell, nicht aber von den anderen Gästen im Schloss wahrnehmbar sein soll, stellt eine besondere Herausforderung für die Inszenierung und – wie wir aus zeitgenössischen Besprechungen wissen – auch für die Zuschauer dar. Denn dass alle Spielenden den Bettler nicht sehen sollten, wo doch alle Zuschauer ihn sehen konnten, dies stellt ein besonderes Problem dar. Für das Verständnis und die Ausführung der **Bettler-Partie** scheint es vielleicht ein wenig hilfreich, sich einige Gedanken über die dazugehörende Musik zu machen.

Die Bettler-Melodie kennzeichnet als eine Leit-Melodie den gesamten II. Akt. Immer, wenn der Bettler handlungsbezogen (aber eben nicht-sprechend!) auftritt, ertönt sie resp. sein Singen. Sie/es bildet ein Aequivalent im Hörbaren zur sichtbaren Figur; sie/es verleiht dem Bettler eine zusätzliche existenzielle Dimension auf dem Theater.[32] Das Melos des Bettlers ertönt sowohl in der Introduktion (Nr. 8) des Aktes als auch in dessen Beschluss (Nr. 13). Auch dazwischen (Nrr. 9 und Nr. 11) ist es gegenwärtig.

Musik und Erscheinung des Bettlers aber sind in ihrem Auftreten am Beginn des II. Aktes (8) eingebunden in die eben angesprochene „parlierende" Musik: deren rhythmischer Grund und stückmäßige Einkleidung bilden eine Art Gondellied im 6/8-Takt, dessen getupfte Bässe und „flatternde" Begleitfigur Leichtigkeit suggerieren, aber auch die Entschlossenheit, sich zu amüsieren. Solcher beibehaltenen (musikalischen) Figur, nach Moll eingetrübt, wird nun eine der Bettler-Melodien quasi aufgelegt. Das Spannungsverhältnis beider wirkt konstitutiv: die Melostöne werden über die Stützen der Triolen-Bewegung gespannt, welche die Melodie gleichsam vorantreibt und ihr Energie und Intensität verleiht, kraft derer sie als „gro-

---

[32] Tatsächlich fehlt dem Autor hier die aktive Erfahrung. In der den Hintergrund dieses Textes und der mitgeteilten Bearbeitung der Kreutzer-Musik bildenden Schüleraufführungen weigerten sich jene Schüler, die den Bettler (alternativ) darstellten, auf der Bühne zu singen. (Das muss man bei ca. Vierzehnjährigen wohl akzeptieren!)

ße" sich entfaltet. Die Begleitfigur bildet dabei mit ihrer Mittelaufgipfelung als eigene (melodische) Qualität nicht nur ein Moment des Ausdrucks; mit ihrem Hervorheben des Iktus in der Taktmitte nach beschleunigendem Sechzehntelanlauf verstärkt sie das emotionale Moment.[33] (Das Prinzip finden wir später auch in Mendelssohns „Liedern ohne Worte" und in den Klavierstücken seiner Zeitgenossen.)

Die Art (auf-)rufendes Melos bleibt auch in den eigentlichen Bettlerliedern dieses Aktes erhalten. Das synoptische Verfahren bleibt stets deutlich: der lang ausgehaltene Ton („O hört...") gleicht einer akustisch lang ausgestreckten Hand. Der Beginn auf der Quinte und das Abwärtsführen lassen die Melodie „leidend" erscheinen; das Ausweichen zur kleinen Sexte, das

---

[33] Das folgende Notenbeispiel zeigt als kleinen Ausschnitt die Takte 68-76 der Introduktion zum II. Akt mit bereits eliminierter Chorpartie.

Abfallen erst zur Mollterz, dann zum Grundton, je als Langtöne, verstär-
ken den Eindruck. Wenn dann in der Begleitung die Mitteltöne des Taktes
(wie in Nr. 9) synkopisch überbunden werden, so leitet solche Figur die
Emotion um so mehr nach innen. Harmonisch bevorzugt Kreutzer innerhalb des Melosverlaufs den spannungserfüllten Quintsextakkord. Das erscheint wichtig für den durchgehenden Zug, der sich erst am Schluss der
Melosphrase zum Grundton und zum Grundakkord hin abschließt. Anderseits fällt das Ausweichen in die Dominante (Es) der Paralleltonart auf,
die bewirkt, dass der Beginn wie eine (noch) unerfüllte Bitte wirkt, während das harmonische und melodische Überhöhen sie angesichts des
Reichtums der Umgebung konkret werden lässt.

Es entsteht ein Typus der „großen" Melodie, die die einzelnen Abschnitte in einen großen Zusammenhang („Bogen") integriert. Trotz aller Varianten des Melodiebeginns, die je auf die situative Umgebung reagieren, – die
Modulation zur Dominante der Parallele sowie die anderen hier angedeuteten Merkmale bleiben und geben den Melodien des Bettlers Pathos,
„Größe"; sie dämonisieren die Figur gewissermaßen. Gerade die Einleitung zum zweiten Akt deutet eine zusätzliche Dimension des Spiels an.
Denn während die Musik als „Begleitung" höfischen Sich-Verhaltens die
sinnliche Ebene des Spielens hervorhebt, bedeutet das Daraufsetzen der
Bettlermelodie[34] (auf die „Figur" des Amusements) eine eigene Weise der
Artikulation des Gemeinten: die Melodie des Bettlers ist sozusagen selbst
ein Stück Text; ihr Singen bedeutet Aufnehmbarmachen seiner Erscheinung und seines inhaltlichen Moments durch den Akt der Artikulation.
Wenn auch die Bettlermelodie von Raimund angeblich angegeben wurde –
im Zusammenhang seiner Opernerfahrung durchaus möglich –, dann wird
auch hier die Verzahnung des Singens mit dem Stück als substanziell (und
nicht als anekdotische Beigabe) verständlich. Keine Frage, dass dies ein
Stück Utopie bedeutet, weil das Publikum solchen Ebenenwechsel nur
schwer mitvollziehen kann.

---

[34] Dies ist freilich nur an der Originalmusik, nicht aber an der hier angehängten Bearbeitung nachzuvollziehen. Letztere verkürzt im Rahmen einer nicht-professionellen Ausführung das von Kreutzer Entworfene und eliminiert dazu noch den Chorsatz.

Die Partitur der Musik zum *Verschwender* enthält vier als **Melodram** zu bezeichnende[35] Stücke. Wie üblich bestehen diese nicht aus formal geschlossenen, einheitlichen musikalischen Verläufen, sondern aus Reihungen von Abschnitten, mit Pausen und Fermaten durchsetzt und mit zahlreichen Textmarken versehen. Ihre Realisation hat von Anfang an auf ein Einbringen in einen Gesamtprozess hin zu geschehen. An ihm sind zumindest drei Elemente beteiligt: der musikalische Verlauf, der Text und sein Gesprochensein sowie der spielende Vollzug, der über das textlich Gebotene weit hinausgeht ins Pantomimische und die Bühnenmittel (Kulissen, Licht) mit einbezieht. Gerade letzteres ist wesentlich; nur im Zeit gebenden integrierten Ablauf aller drei entsteht der besondere dramatische Charakter des Zauberhaften und Bewegenden; und er entsteht nicht zuletzt durch gegenseitiges Einwirken, vor allem auch durch Einwirkung der Musik auf den Spielenden: sein durch sie evoziertes Sprechen und Darstellen ermöglichen erst der Musik, die Szene wie ein hörbares farbiges Licht zu durchdringen.

Deshalb ist mit Kürzungen Vorsicht geboten. Zwar verfügen Schüler nicht über die Möglichkeit, längere Strecken durch Haltung und Gestik zu überbrücken; auch wird man gerade jener Bühnenmaschinerie entbehren, auf deren Aktionen in Raimunds Theater ein Teil der Melodram-Musik mit erfunden ist. Trotzdem wäre es verfehlt, die Musik gleichsam mit der Schere dem Sprechvermögen der Schüler anzupassen. Musik hat auch hier innerhalb einzelner Abschnitte Eigengesetzlichkeit; thematische Gedanken, Modulationsgänge, Umfangsrelationen aufeinander bezogener Glieder lassen nicht sich ohne Schaden verändern. Nur eine architektonisch und grammatikalisch *intakte* Musik, in die sich der Schüler sprechend und spielend einfinden muss, kann ihre Funktionen entfalten.

Das *erste Melodram* (Nr. 4) zur ersten Cheristane-Szene zeitigt einige der *Grundfunktionen* solcher Musik. Die Einleitung verdeutlicht, was der ihr folgende Textbeginn als bereits geschehen anspricht: „Der Kampf ist aus, ich habe mich besiegt." Während die ersten sechs Takte aufstürmend und synkopisch gegenrhythmisch weiterdrängend, ja kämpferisch sich gebärden, wechselt Takt 7 (bis 14), nach einem ins Piano abfallenden *Crescendo*

---

[35] Drei der Melodramen sind in der dem Autor vorliegenden Partitur so überschrieben. Beim vierten fehlt, wie bei fast allen Stücken im III. Akt, eine Überschrift.

gleichsam sich ergebend, in absteigendes Melos, eher idyllisch und ruhig begleitet. Die Einleitung führt Spieler und Hörer ein ins (textlich) Gemeinte, sie verdeutlicht, überhöht. Ein zweiter Abschnitt begleitet zweimal ansetzend, mit gespanntem tremolierendem Klang die Szene der wunderbaren Erschaffung des Azur; Musik erzeugt und verstärkt mit ihrem Flirren und Gespanntbleiben den Charakter des Geheimnisvollen und Undurchschaubaren. Ebenfalls mit tremolierenden Streichern arbeitet ein dritter Abschnitt. Über einem gemessen fortschreitenden Modulationsgang mit jeweils taktumspannenden Harmonien zitiert Azur Zeile für Zeile von Flottwells Bestimmung aus „des Schicksals Buch". Die Akkorde verleihen dem Sprechen selbst Würde und Feierlichkeit, sie heben das Gesprochene heraus; aber sie definieren als harmonischer Gang mit Anheben und Ziel eines musikalischen Prozesses dieses als in sich Ganzes, Abgegrenztes. Dem Widerschein der inneren Verfassung Cheristanes schließlich ist der Schlussabschnitt gewidmet: Nachdem Azur Hilfe versprochen hat, hebt eine verhalten traurige D-dur-Melodie an; sie bricht (original) nach 6 Takten ab und hebt nach Cheristanes „O hätt ichs nie gewagt, auf Erd zu wandeln..." neu an, nun aber in D-moll, womit sie die Präzisierung der Gefühlslage der Cheristane wahrnehmbar macht. (Nach ihrem Aussingen folgt eine Steigerung als Überleitung zur nächsten Szene, die auf der Dominante von Es-Dur stehen bleibt, der Tonart des Jagdchores.)

Das *zweite Melodram* (Nr. 7) fügt solchen Funktionen Differenzierungen an. Neben den Anfangsgedanken, die mit den zeitgenössischen Mitteln der Orchestermusik (Melos, Lage und Instrumentation sowie Tempo) eine im engeren Sinn „poetische" Situation skizzieren, wird Musik hier gerade in ihrer Prozesshaftigkeit ausgespielt und -genutzt: sie macht das Einbrechen der Gestalten (die Cheristane an ihre Heimkehr mahnen) in ihrer Wirkung auf diese selbst(!) vorstellbar und auffassbar. Instrumentales Spielen bildet also nicht nur jenes Huschende, überraschend sich Eindrängende ab, sondern übersetzt auch dessen „Wirkung auf" ins Hörbare. Dazu vermittelt sie die (Rück-) Verwandlung der Cheristane und die Trauer in ihr. Und sie überhöht diese zu einer Art Verklärung im sich ausspielenden Melos. Das Wahrnehmbarmachen dessen, was mit Menschen (äußerlich und) innerlich als Veränderung geschieht, flicht Musik als Partner des Spielens ein: sie grenzt ab, fordert heraus, beantwortet, nimmt mit, spiegelt eigene Befindlichkeit. (Musik ist also am Spielenprozess in statu nascendi beteiligt; dies muss auch Folgen für die Probenarbeit haben, die von Anfang an mit und aus der Musik zu leisten ist.)

Auch in diesem zweiten Melodram sind Kürzungen angebracht. Sie betreffen Überleitungen (so u. a. in dem die Verzweiflung Flottwells widerspiegelnden „Allegro strepidoso", das den Akt beschließt und Abkadenzierungen z. B. in der Verwandlung Cheristanes) sowie jene als musikalische Ausrufezeichen gedachten Einwürfe (Klänge oder Klangfolgen), die uns heute eher als plakativ erscheinen.

Unsere Kürzungen sollten das Ziel haben, zu verdichten, aufs poetisch Substanzielle und Notwendige hin zu konzentrieren, bzw. das an „Musik" hervorzukehren, was an ihr aus sich selber „spricht". Andererseits muss, wie auch im *vierten Melodram* (Nr. 17), die Einheit von optischem und akustischem Geschehen, die uns Mediengewohnten heute im Prinzip geradezu gewöhnlich erscheint, als in diesem Spielen Besonderes jeweils hergestellt werden. Denn auch es ist auf Durchflechten angelegt. Am zehnten Auftritt des III. Aktes steht Flottwell nach dem Versinken des Bettlers überrascht vor einer neuen Perspektive. Er spricht: „Ist's Traum, ist's Wahrheit, was ich sah und hörte?/ Woher die überirdische Erscheinung?" Danach bemerkt die Regieanweisung im Stück: „Sanfte Musik..." Die Partitur aber – für die Uraufführung mit Raimund ja selbst konzipiert – macht deutlich, dass die Musik bereits viel früher am Geschehen beteiligt ist: sie kennzeichnet bereits die Verwandlung zu dieser Szene als sich vom *pp* zum *ff* steigerndes „Heraufkommen" hin zum Punkt der Entscheidung, sie flicht sich kurz bei der Erscheinung des Bettlers ein, und auch jetzt setzt sie bereits nach der ersten der zitierten Zeilen ein, so dass sie also selbst zur dann in ihren Vollzug von Flottwell bemerkten „überirdischen Erscheinung" gehört. Schließlich gesellt sie sich den letzten Versen Cheristanes zu („Verzweifle nicht, mein teurer Julius..."), Cheristanes Abschied und den Vorschein zukünftigen Glücks gleichermaßen vermittelnd.

Bleibt die Frage nach dem *dritten Melodram* am Schluss des II. Aktes. Auch es hat ein *Maestoso*-Vorspiel, das – gemäß Eintrag in der Partitur – nach der Verwandlung zum 18.(!) Auftritt des II. Aktes die Szene in der verfallenen Kapelle eröffnet. Auch die eigentliche „Gewittermusik" beginnt mit einer Einleitung schon am Ende des 19. Auftritts mit Amalies „Wenn wir nur das Gewitter nicht zu fürchten hätten". Sie kommt wieder zur Ruhe, bis nach einer Fermate die eigentliche Musik zur Überfahrt beginnt, in deren Verlauf nach wenigen Takten die letzten Zeilen des Schiffers Thomas und Flottwells (original) sich eingetragen finden. Auch wenn andere Aufführungen mit der vorliegenden Musik durchaus unterschiedlich verfahren sind – weitere Eintragungen von Kapellmeisterhänden zeigen dies deutlich an –, die enge Verzahnung mit dem Spielen geht klar hervor. Ihr Hauptteil freilich begleitet die stumme Szene, die die Regiebemerkung ausführlich beschreibt (vgl. o. S. 20). Sie erscheint kaum ohne ausgefeilte Bühnentechnik so durchführbar, vielleicht auch gar nicht mehr notwendig. Deutlich zu werden hat vielleicht nur, dass der Bettler den zum Schiff Eilenden in angemessenem Abstand folgt. Hier bietet sich eine Verkürzung an, die einen von mehreren in der Partitur (von Kapellmeisterhand eingezeichneten) Auslassungen folgen kann: Um das Zitat des Bettlerliedes werden eine kurze „stürmische" Hinführung und ebensolche Schlusstakte gelegt.

Zur Frage, ob man dieses Melodram nicht vollständig streichen sollte, eine grundsätzliche Überlegung: Der erste Akt beginnt und endet mit Musik. Dies lässt ihn zur Einheit, auch – wie die Erfahrung bestätigt – zu einem in sich geschlossenen Erlebnis für die Zuhörer/-schauer werden. Da auch der zweite Akt naheliegend mit einem Musikstück (incl. Bettlerstrophen) beginnt und der dritte evtl. mit dem Schlussgesang endet, liegt es nahe, alle drei Akte von der *dafür vorgesehenen Musik* rahmen zu lassen. Dies bedeutet, auch das dritte Melodram – wie gekürzt auch immer – (auch) seiner Rahmenfunktion wegen zu belassen, sowie den III. Akt mit dem dafür vorgesehenen *„Entre Act"* (Nr. 14), einem Adagio-Satz, beginnen zu lassen. Auch hier soll Musik ins Spielen führen; die Regieanweisung – „Flottwell sitzt… Wenn die Eingangsmusik, welche bei Eröffnung der Bühne noch mehrere Takte fortdauert, geendet ist, steht er auf." – weist darauf hin.

Anders verhält es sich da vielleicht mit dem *Allegro* (Nr. 15) im III. Akt. Es beendet offensichtlich die Wiederbegegnung Valentins mit Flottwell, an dessen Ende Valentin seinen „gnädigen Herrn" zum Einzug in sein Haus einlädt. Zur Regiebemerkung, „Flottwell geht Arm in Arm mit ihm ab", erklingt die 35 Takte lange, sich langsam emporschwingende Musik. Sie dient (wohl) gleichzeitig als Übergang zur Verwandlung. Möglicherweise kann man sie streichen; auch im II. Akt gibt es zumindest drei Verwandlungen, für die keine Musik vorgesehen ist.

Zusammenfassende Hinweise, mit der Musik praktisch zu verfahren

Fassen wir unser „Nachdenken über" zum Zwecke der Bewältigung einer praktischen musikpädagogischen Situation zusammen.

Das Theater Raimunds verkörpert die Tradition eines Theaters mit Musik. In ihm kommt dem Spielen *mit* einem Publikum Priorität zu. Gleichzeitig ist dieses Theater aber nichts desto trotz Theater als „Spiel von". Das Spielen des Spiels *für* (nicht *vor*) den(m) Zuhörer/-schauer schlägt sich zwangsläufig in der Hervorkehrung sinnlicher Momente nieder. Unsere Aufgabenstellung, Schüler (musikalisch) spielen und singen zu machen *in* der Situation *ihres* (Theater-)Spielens, bedeutet, die sinnliche Ebene, u. a. die der Musik, unterstützend hervorzukehren. Tatsächlich haben ja unsere Überlegungen zur Analyse und Bearbeitung der Kreutzerschen *Verschwender*-Musik deutlich gemacht, dass diese einen quasi ursprünglichen, bei der Konzeption des Stückes zeitgemäß mitgedachten Bestandteil darstellt. Nicht überall wird deren Ort aus den gedruckten Textvorlagen eruierbar. Erst die *Partitur* erschließt das von Raimund gemeinte Spiel *vollständig*.

Ist unsere Ansicht über das Theater Raimunds richtig, so muss das Lernen des Stückes wesentlich vom Spielen her geschehen, vom Spielen zu Text *und* Musik. Solches setzt freilich eine Pädagogik voraus, die nicht im angeblichen Interesse einer Sache über Menschen verfügt. Sie wird versuchen, auch Schülern, soweit wie diesen möglich, das gesamte Spielen unter Einschluss seiner musikalischen Dimension zu erschließen; und sie wird versuchen, sie anderseits vor Instrumentalisierung „im Dienste von" zu schützen. Auf dem schmalen Grat dazwischen müssen Entscheidungen letztlich *situativ* gefällt werden. Doch lassen sich sachliche Bedingungen angeben.

Zur Musik, die mit der Tradition des *Spielens* im Volkstheater verbunden ist, welche dort ein charakteristisches partielles Heraustreten des Spielers aus seiner Rolle mittels Singen eines Liedes beinhaltet, gilt, dass sie so weit wie (technisch) irgend möglich erhalten bleiben muss, soll die dem Stück innewohnende Spielen-Vorstellung nicht leiden. Stellt sich bei den *Liedern* dabei das (lösbare) Ausführungsproblem des (auch sprachlich) einkomponierten Lokalkolorits, so orientieren sich die *Chöre* ihrerseits eher an der Operntradition: mit einer Schulklasse aber wird man ohne Gefahr der Lächerlichkeit kaum einen Opernchor imitieren können. Hier wurden an einigen Stellen Ersatzlösungen vorgeschlagen, an anderen Streichungen vorgenommen.

Da die Gesangspartien für professionelle Sänger geschrieben sind, ist ein Transponieren für Laien nicht nur fehlenden Stimmumfangs wegen oft unerlässlich. Auch die beschriebene Besonderheit der Spiel-Lieder legt es nahe, den für das „spielende" Singen jeweils geeigneten Stimmbereich des Darstellers ausfindig zu machen und zu nutzen. (In den dieser Erörterung zugrunde liegenden Ausführungen wurden vor allem die Partien des Valentin um eine Terz heruntertransponiert ausgeführt; vgl. als Beispiel die Nr. 3a in der folgenden Partitur-Edition.)

Auch die Musik, die in der Tradition des *Zauberspiels* zur Kennzeichnung des Wunderbaren/Außergewöhnlichen sich der Technik des *Melodrams* bedient, ist wohl soweit zu übernehmen, wie das (Theater-)Spielen jenen Raum auszufüllen vermag, den die Musik vorgibt. Äußerste Sorgfalt ist bei der Bearbeitung und Aufführung der Melodramen angebracht. Denn in ihnen wird Text an besonders bedeutsamen Stellen auch parallel zur Musik gesprochen. Das kann Verstehensprobleme zur Folge haben (vgl. den umseitigen Kasten).

Deshalb verlangen die Melodramen eine möglichst kleine intime Besetzung und oft zurückhaltendes Spiel. Bei der hier zugrundeliegenden Aufführung wurde mit Klavier und Solovioline (mit Soloflöte wechselnd) instrumentiert. Dies geschah jedoch eher aus Zeitgründen. Weite Passagen (Tremoli) legen nahe, den Klavierpart durch solistische Streicher zu ersetzen. Die *Platzierung* der Instrumentalisten vor der Bühne (resp. neben ihr) erscheint nicht unproblematisch; sie erzeugt akustische Nähe zum Publikum, die sich als Vorhang vor das Gesprochene legt und sich tendenziell von den Spielern entfernt. Aus der Erfahrung mit dem Spiel wäre eine verdeckte Musik, evtl. sogar auf der Bühne (hinter den Kulissen), die erst einmal in die Bühne hineinspielt, vorzuziehen.

Musik der situativen Charakterisierung, die der *Inszenierung* zugehört, kann, wenn man zu ihr in der vorliegenden Form keinen Zugang findet, durch neue, eigene ersetzt werden. Da im *Verschwender*, streng genommen, nur zwei Stücke der Inzidenzmusik zugehören, die Jagdfanfare und die Musik zum Tanz, wird sich ein Auflösen des Gesamtcharakters der Musik

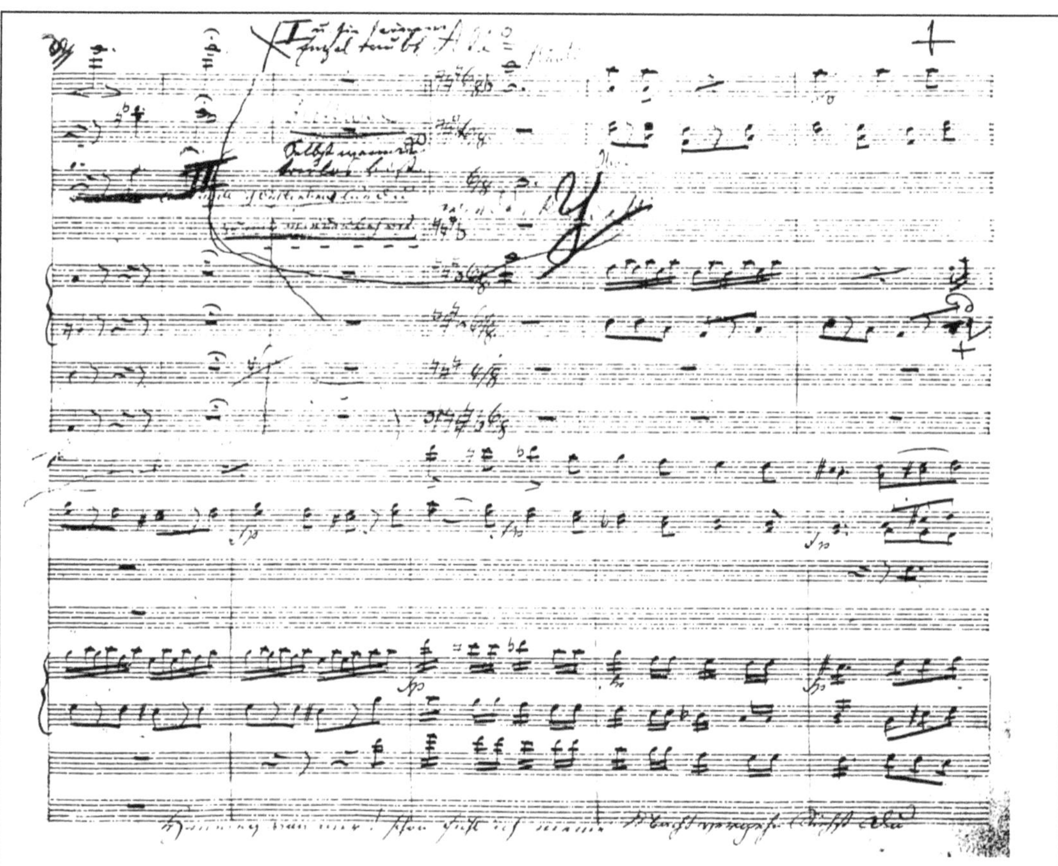

Die stark verkleinerte Partiturseite, hier mit zwei Akkoladen, aus dem zweiten Melodram des I. Aktes beginnt mit dem Schlussklang einer kleinen Zwischenmusik (*Piu mosso*; Fis-moll), während derer sich die Fee Cheristane noch einmal in ein Bauernmädchen verwandelt. Es folgen der Auftritt Flottwells und ein längerer Dialog bis zu Cheristanes „Ich will dich lieben, bis du zu mir wiederkehrst". Danach – für Flottwell nicht sichtbar – „fliegt ein roter Adler[…] über den See", und es setzt die Musik ein. In diese, das Auftauchen der mahnenden Gestalten (*Allegro*, 6/8; D-moll) mit *fp*-Akzenten grundierend, *spricht* Cheristane, z. T. für sich: „Hinweg von mir! Schon fühl ich meine(r) Macht (V)vergeh(e)n. Siehst du (den purpurroten Aar…?)"

aber kaum lohnen. Radikal kürzen muss man aber wohl die Gewitter- und Sturmmusik am Ende des II. Aktes: sie stößt (zumal im kammermusikalischer Besetzung) auf Vorbehalte in der Rezeption des heutigen Zuhörers.

Das lenkt den Blick auf die Rahmenmusik, die der Ebene *Aufführung* zugehört. Eigentlich bleibt für sie nur die *Ouvertüre*, denn alle anderen rahmenden Stücke gehören auch anderen Bereichen der Theatermusik zu. Für die Ouvertüre aber überwiegen die Gründe, sie heute wegzulassen. Nach unserer Gewohnheit halten wir sie sowieso nicht für notwendig (es sei denn wir wollten in allem eine historische Aufführung rekonstruieren). Als reine Instrumentalmusik stellt sie den ambitioniertesten Teil der vorliegenden Theatermusik dar; sie ist damit nicht nur am ehesten auf die ursprüngliche Instrumentierung angewiesen sondern auch auf ein technisch exaktes und erfülltes Musizieren, dessen Fehlen gerade in der Bearbeitung für ein kammermusikalisches Ensemble doppelt hervorträte.

Schließlich kann man davon ausgehen, dass die übrige Musik der Aufführung noch genügend herausgehobene Ernsthaftigkeit und Würde verleiht. (In der dieser Erörterung zugrundeliegenden Ausführung verwendete ich die Introduktion des Einleitungschores als Ouvertürenersatz.)

Problematisch bleibt die Figur des *Bettlers*: sie ist keine komische Rolle, aber sie hat an mehreren Stellen im II. Akt zu singen, zu singen im Sinne von Lied. Das, was der Bettler singt, sind keine Couplets (wie Valentin), sondern Lied-Strophen, die unmittelbar ihn selbst als Bettler ausweisen, seinen zu sprechenden Text, sein Bitten und Danken (in gereimten Verszeilen) vertonen. Möglich ist, dass Raimund diese Figur, die im übrigen als solche vom Publikum der Uraufführung nicht verstanden wurde[36], durch ihre Musik-Verbundenheit als Vertreter der Zauberwelt kennzeichnen wollte: er ist nur für Flottwell sichtbar und *hörbar*; sein Singen soll, wie seine Erscheinung, etwas *in* Flottwell anrühren. So ist Singen hier nicht (wie bei den Rollenliedern) Teil des „Spielens mit" dem Publikum sondern Teil des Spiels zwischen den Akteuren. Das macht es ernsthaft, erfordert sängerischen Ausdruck. Trotzdem könnte die Bettlermusik erhalten und mit größter Sorgfalt studiert werden, – nicht zuletzt auch *Kreutzers* wegen: sie zählt zu den gerühmt charakteristischen Kompositionen Kreutzers als Repräsentanten einer Epoche des Biedermeier[37]. Wenn im Zentrum unseres musikpädagogischen Handelns schließlich der *Prozess des Erarbeitens als Musikunterricht* steht, wenn es darum geht, Schüler *singen*, (instrumental) *spielen* und nicht zuletzt (zum gestischen Spiel) *hören* zu machen, dann geht es als Funktion solchen Handelns auch darum, u. a. die Musik Kreut-

---

[36] Vgl. R. Wagner, a. a. O., S. 308. Die Frage stellt sich, ob das Geheimnis dieser Figur – da Flottwell sie ja nicht versteht (und wohl nicht verstehen können soll) – auch den zuschauend und -hörend Beteiligten erst im vorletzten Auftritt des letzten Aktes enthüllt werden sollte.

[37] Vgl. Peter Branscombe, *Conradin Kreutzer*, in: *The New Grove Dictionary of Music and Musicians*, Bd. 10 (1980), S. 263.

zers ein Stück weit auf- und anzunehmen und sie in den Horizont des Musikvermögens einzugliedern.

Die *Partitur* zu einer solchen Musik sollte man sich nach Möglichkeit aus „seinem" (nächstliegenden) Theater besorgen. Zwar ist Einsicht in das Original stets nützlich, u. a. um im Zweifelsfall das von Komponisten Gemeinte zu eruieren. Aber: uns geht es nicht um Rekonstruktion aus wissenschaftlicher oder historischer Absicht, sondern um praktische Umsetzung. Hierzu ist die in der Partitur aufscheinende Bühnenpraxis und -erfahrung eine wichtige Hilfe und auch Ermutigung, einigermaßen selbstentscheidend mit dem Material umzugehen.

Schließlich sollten auch wir selbst uns nicht vergessen: Bearbeiten im Dienst von Singen- und Spielenmachen, das so (oder ähnlich) *reflektiert* geschieht, das also das mitgebrachte Bewusstsein musik- und theatergeschichtlicher wie human- und sozialwissenschaftlicher Art einbringt, wird dann schließlich auch als eine Erweiterung des eigenen *Bewusstseins von* und des *Lebens mit Musik* sich niederschlagen.

II

Conradin Kreutzer

Bühnenmusik zu Ferdinand Raimunds
Original-Zaubermärchen »Der Verschwender«

Für ein Kleines Ensemble bearbeitet und eingerichtet
von Dietmar Ströbel

Hinweis

Die folgenden Bearbeitungen verstehen sich als *Vorschläge*, mit dem Notenmaterial Kreutzers im Hinblick auf eine Realisation des Raimundschen Bühnenstücks zu verfahren. Sicher kann man sie tendenziell reproduktiv verwenden; man kann aber auch – was instrumentale Besetzung und zeitliche Abmessung des Spielens betrifft – den eigenen Umständen entsprechend Modifikationen vornehmen. Doch sollte man stets die Architektur und innere Logik der musikalischen Entwürfe zu wahren versuchen.

Die hier mitgeteilten Partiturentwürfe stellen Skripte bzw. Computerdateien des Autors zusammen, die schon mehr als drei bzw. zwei Jahrzehnte hinter sich haben. Mögliche Schreibfehler (die sich trotz aller Mühe nicht vermeiden lassen) und besetzungsmäßige Ungereimtheiten wird der musikalische Kundige sicher selber korrigieren können. Ungeschicklichkeiten im Layout sind einem Umgang mit dem etwas komplexen Notenschreibprogramm (FINALE) geschuldet. Für diese bittet der Autor von vornherein um Entschuldigung.

Jene Teile, deren Ausführung durch ein Kleines Ensemble als von vornherein untauglich angesehen wurde, sind nicht mitgeteilt. Auch sind die Lieder und Gesänge stets – mit Ausnahme des gleichzeitig gekürzten Duetts (Nr. 3a) – in der Originaltonart gehalten; Transpositionen für die Praxis der jeweiligen Sänger, die vor fast 35 Jahren vom Autor noch je handschriftlich vorgenommen werden mussten, lassen sich heute mittels Scanner- und Notenschreibprogrammen leichter herstellen.

1. Introduktion
(I/1)

[Vorhang auf]
Fl. Klar.
Vl.
Kla.
Vc.
sempre staccato
sempre staccato
sempre staccato
sempre staccato
sempre staccato
fp
["Kanon"; vgl. Kommentar]
fp
82

Fl.
Klar.
Vl.
Kla.
Vc.
ff
ff
ff
p
p
piu mosso
45
45
45
45
49
49
49
49
54
54
54
54

attacca Jagdfanfare

Jagdfanfare

Fassung 1

Fassung 2

2. Arie (Valentin)
(Originaltonart)

89

in den Tag hin - ein, nie-mand braucht mir was zu bor - gen, schön ist's
ein Be - dien - ter z'sein. Schön ist's

ein Be - dien - ter z'sein, nie-mand braucht mir was zu bor - gen, schön ist's
ein Be - dien - ter z'sein. Er - stens bin ich zart ge - wach-sen, wie der

91

Fl./Kl.
Vl. I
Vl. II
St.
Kla.
Vc.
schön-ste Mann der Welt. Al - le Ta - schen vol - ler Ma - xen, was den
[rit.]
[a tempo]
Mäd-chen wohl ge - fällt, al - le Ta - schen vol - ler Ma - xen, was den

Fl./Kl.
Vl. I
Vl. II
St.
Kla.
Vc.
43
Mäd-chen wohl ge - fällt.
49
[Zwei-tens…]
1
2
93

3. Duetto
(Originaltonart)

Fl./Kl.
Vl.
St.
Kla.
Vc.
Flöte a. l.
arco
Rosa
arco
Ich neh - me - mei - nen Schlos - ser mir, das ist der er - ste
Mann, er schlägt an Ka - sten, Tor und Tür die sich' - ren Schlös - ser

*) Der Part des Valentin – eigentlich Tenor! – ist zumindest ab Takt 105 eine Oktav tiefer zu singen!

Fl./Kl.
Vl.
St.
Schlos-ser ist der er-ste nicht, der Tisch-ler macht das Tor.
Kla.
f
Vc.
Fl./Kl.
Vl.
St.
Rosa
Ein Schlos-ser ist zu schwarz für mich und sei-ne Lieb zu
Kla.
Vc.

Fl./Kl.
Vl.
Valentin
St.
heiß. Ver - liebt sich ein Fri - seur in dich, der macht dir nur was
Kla.
Vc.
Fl./Kl.
Vl.
Rosa
St.
weis. Nein, nein, ein Drechs-ler, oh wie schön, der ist für mich ge -
Kla.
Vc.

Fl./Kl.
Vl.
St.
Kla.
Vc.
Valentin
macht, der kann dir ei - ne Na - se drehn, da nimm du dich in
Rosa
Valentin
Acht. Ein Bäk-ker ist mir zu so-lid, ich fürcht das ich mich hä - rm. So

Rosa
nimm dir ei - nen Ku - pfer - schmied, der macht dir rech - ten Lärm. Mit
Valentin
ei - nem Schnei - der in der Tat, da käm ich präch - tig aus. Doch

63
Flöte
Fl./Kl.
Klarinette
Vl.
Rosa
St.
wenn er kei - ne Kun - den hat, da geht der Zwirn ihm aus. Ein
Kla.
Vc.
67
Fl./Kl.
Vl.
Valentin
St.
Klemp - ner ist ein sich'-rer Mann, dem fehlt es nie an Blech. Ich rat dir ei - nen
Kla.
Vc.

Fl./Kl.
Vl.
St.
Kla.
Vc.
Rosa
Schu-ster an, al-lein der hat stets Pech. Hut - fa - bri-kant nie - mals ris-kiert, der
calando
a tempo
Valentin
hat ein sich'-res Gut. Ja wenn die Welt den Kopf ver-liert, braucht

Rosa
Nie-mand ei - nen Hut.
Kurz-um ich werf im
Kreis her-um ver - ge-bens mei-nen Blick, drum kehr ich zu dem Tisch - ler um, er

Valentin
ist mein ein - zig Glück, er ist mein ein - zig Glück. Ver - laß dich auf den
Tisch - ler - jung, der macht dir kei - nen Gram, be - kommt das Glück auch

Fl./Kl.
Vl.
St.
Kla.
Vc.
ei - nen Sprung der Tisch-ler leimt's zu - samm, der Tisch-ler leimt's zu -
Piu mosso
Rosa
Valentin
Ein schö-ner Stand ist doch auf Ehr
Ein schö-ner Stand ist doch auf Ehr
samm.
ff

105

ein wak - krer Hand-werks - mann, sei's Schnei - der, -
ein wak - krer Hand-werks - mann, sei's Schnei-der,
Schu - ster, sei's Fri - seur, ich
Schu-ster, sei's Fri - seur, ich stoß auf je - den

stoß auf je-den an, ich stoß auf je-den an, ja, ja, ich biet das Glas ihm
an, ich biet das Glas ihm an, ich biet das Glas ihm an, ich
an, das Glas ihm an, ich biet das Glas ihm an, ich
biet das Glas ihm an, ich biet das Glas ihm an, ich
Fl./Kl.
Vl.
St.
St.
Kla.
Vc.
117
122

Fl./Kl.
Vl.
St.
biet das Glas ihm an, ich biet das Glas ihm an.
St.
biet das Glas ihm an, ich biet das Glas ihm an.
Kla.
Vc.
Fl./Kl.
Vl.
St.
St.
Kla.
Vc.
126
131

3. Duett Rosa/Valentin

(transponiert und gekürzt)

Rosa
Ein Schlos-ser ist mein schwa-che Seit', das
Falls keine Flöte vorhanden, spielt das Klavier (bis Takt 20) die Sing-
stimme mit.
arco
arco
arco
ist der er - ste Mann. Der sorgt für un - sre Si - cher - heit und

Fl.
Vl.
Kla.
Vc.
pizz.
pizz.
schlägt die Schlös - ser an.
pizz.
arco
arco
Valentin
arco
Mein Kind da bist du schlecht im Bild, der

Tisch - ler kommt zu vor. Der Schlos-ser ist der er - ste nicht, der
Tisch - ler macht das Tor.

Rosa
Ein Schlos-ser ist zu schwarz für mich und sei - ne Lieb' zu heiß.
Valentin
Ver - liebt sich ein Fri - seur in dich, der macht dir nur was

Fl.
Vl.
Rosa
weis. Nein, nein, ein Drechs-ler, oh wie schön, der ist für mich ge-
Kla.
Vc.
Fl.
Vl.
Valentin
macht. - Der kann dir ei - ne Na - se drehn, da nimm du dich in
Kla.
Vc.

114

Fl.
Vl.
Rosa
acht.   Mit ei - nem-Schnei - der,   in der - Tat, da   käm ich präch - tig
Kla.
Vc.
Fl.
Vl.
Valentin
aus   Doch wenn er kei - ne Kun - den hat, so   geht der Zwirn ihm
Kla.
Vc.

Rosa
Valentin
aus. Hut - ma-cher, da wär nichts ris-kiert, der hat ein sich'-res Gut. Ja,
wenn die Welt den Kopf ver - liert, braucht kein Mensch ei - nen Hut. Kurz-
Rosa

Fl.
Vl.
Kla.
Vc.
um ich wend im Kreis he - rum ver - ge - bens mei - nen Blick. Drum
kehr ich zu dem Tisch - ler um, er ist mein ein - zig Glück. Ver -
Valentin
67
71

Fl.
Vl.
Kla.
Vc.
lass dich auf den Tisch-ler-jung, der macht dir kei-nen Gram. Und
kriegt das Glück ein - mal 'nen Sprung, der Tisch-ler leimt's zu - samm'.

Fl.
Vl.
Rosa + Valentin
Ein schö-ner Stand ist doch auf Ehr ein wack-rer Hand-werks-
Kla.
Vc.
Fl.
Vl.
mann, sei's Schnei-der, Schu-ster, sei's Fri-seur, ich biet' das Glas ihm an, ich
Kla.
Vc.
rit.

Piu mosso a tempo
Fl.
93
Vl.
93
ff Piu mosso a tempo
93
ff
(p)
biet das Glas ihm an.
Kla.
93
ff
Piu mosso a tempo
(p)
(p)
Vc.
93
ff Piu mosso a tempo
rit.
ff
(p)
Fl.
98
Vl.
98
ff
Kla.
98
ff
ff
Vc.
98
ff

4. Melodram

Allegro [moderato]
Flöte oder Klarienette
Violine(n)
Klavier
Violon- cello
(Vio. solo)

Flö. o. Klar.
Vio.
Kl.
Vc.

Flö. o. Klar.
Vio.
Kl.
Vc.
(Flö. o. Klar.)
p
(Vio. I/II)
p
p

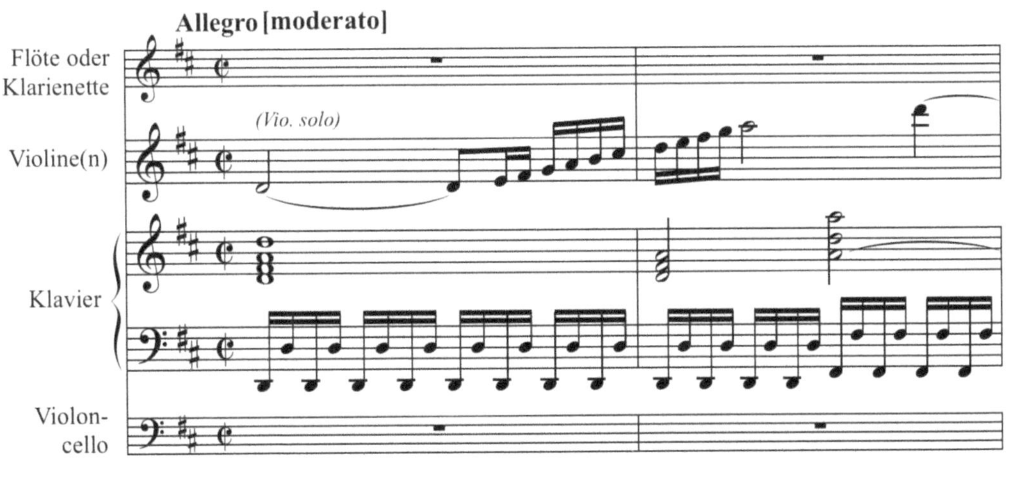

Flö. o. Klar.
Vio.
Kl.
Vc.
Cheristane:
"Der Kampf ist aus,
ich habe mich besiegt…"
bis
"…Ich opfre dich in
diesem goldnen
Schacht."
Nun zeig dein Haupt… und blick mich an… Erschein!

122

"…Es soll Azur dein Name sein! Lass Hoffnung mich aus deinen Worten saugen!"

Azur: "Darf ich das sein? Blick in des Schicksals Buch!"

Cheristane: "Mir ist bekannt des Schicksals strenger Spruch…"
bis
Azur: "…Als Retter sollst du wieder mich erblicken!"

Cheristane:"O hätt ichs nie gewagt, auf Erd zu wandeln,…

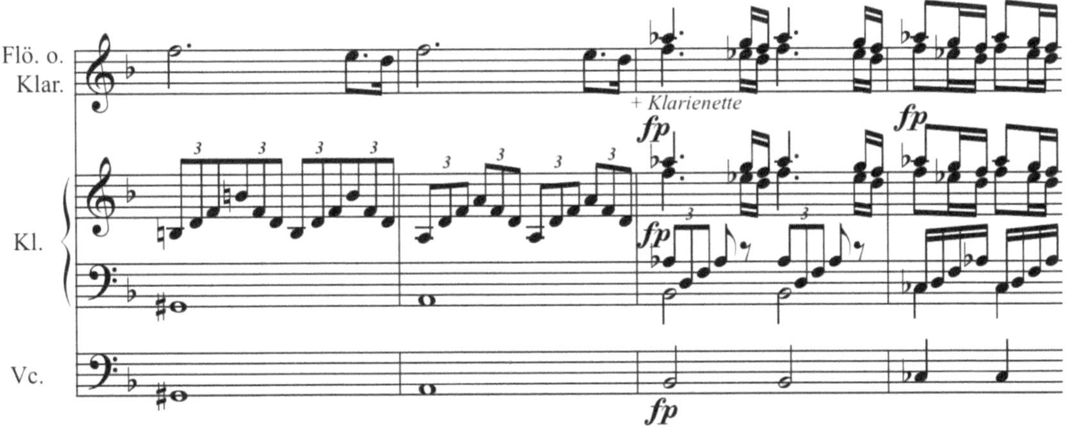

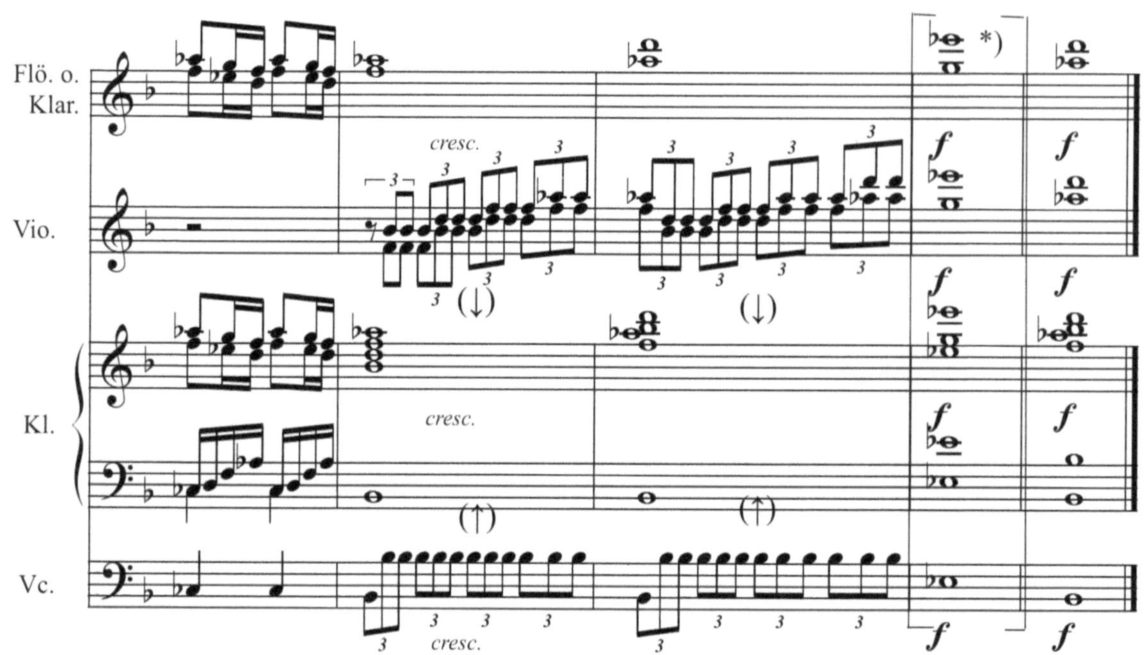

[*) Im Es-dur-Schluss enden, wenn der Jägerchor <u>nicht </u>unmittelbar folgt!
Im andern Fall diesen Takt überspringen!]

5. Jäger-Chor

Allegro
Klarinette (Horn)
Klarinette
Flöte
Flöte
Violinen
Klavier
Violon-
cello
Klar.
Fl.
Vl.
St.n
Kla.
Vc.
(pizz.)
Gilts die Wäl - der zu durch-

Klar. Fl.
Vl.
St.n
strei - fen, he - bet frei - er sich die Brust, zu durch-strei-fen, he - bet
Kla.
Vc.
frei - er sich die Brust. Kühn den E - ber an - zu - grei - fen ist des Jä - gers höchste
arco
sfz

Lust. Kühn den E - ber an - zu - grei - fen ist des Jä - gers höchste Lust.
Hol - la-
Hol - la - ho! Hol - la - ho! Weid-gesel - len
ho!
sfz
arco
f
arco

froh! Weid-ge-sel - len froh! Hol - la-ho! Hol-la-
Hol-la-ho!
ho! Weidgesel - len froh! Weidgesel - len fro - - - oh!,

131

6. Lied (Valentin)
(Originaltonart)

Le-ben so er - schwe-ren! Da-mit s'Vieh und Men-schen pla-gen, müs-sen's al - le Wo-chen
ja-gen. Gott ver - zeih mir mei-ne Sün-den, ich be-greif nicht, was dran fin-den, die-ses

133

Krie-chen in den Schluch-ten, die-ses Rie-chen von den Juch-ten. Kurz in al-lem Ernst gesagt: 'sgibt nichts Dumm-res als die Jagd, kurz in al-lem Ernst ge - sagt: 'sgibt nichts

Fl.
Vl.
Kla.
Vc.
Dumm-res als die Jagd.

7. Finale und Melodram

Cheristane: "Nun hat er bald die steile Höh erklommen…"
bis
"…So mag er denn zum letztenmal sich ihres Anblicks freuen."

Monolog resp. Dialog
Cheristane: "Ach! Selber darf er sich nur warnen..."
bis
Flottwell: "Ich will dich lieben, bis du zu mir wiederkehrst."

Siehst Du den purpurroten Aar, / der sein befiedert Haupt mit einer Kron ge-
schmückt?" Flottwell: "Was sprichst du da? Kein Vogel regt sich hier!"

Cheristane: "Auch nicht die drohenden Gestalten,

die mich an meine Heimkehr mahnen?

Zieht nur voraus, / ich folge bald!"

Flottwell: "Mein teures Kind, wie bist du…"
bis Cheristane: "Illmaha, die Feenkönigin!"

Dialog bis: Cheristane: "…fall ab, du irdischer Tand!

Grazioso

Nur dieser Fels mag ein geheimnisvoller Zeuge sein, dass Cheristane einst auf
Erden hat geliebt."

138

Flottwell: "Oh Cheristane! Töte mich!" bis:
Cheristane: "(...) du wür-dest Cheristane um dich klagen hören."

Cheristane: "Oh könnt ich meine Lieb in aller Menschen Herzen gießen, ich würde reich getröstet von dir ziehn!"

Flottwell "Oh Gott, laß mich in meinem Schmerz vergehn!"

Allegro strepidoso

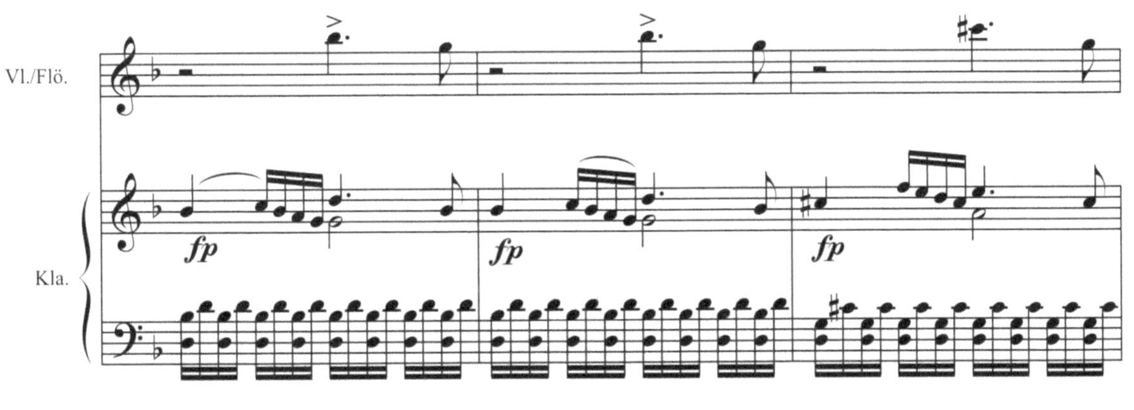

[Ende Akt I]

8. Introduktion II (ohne Chor)

Lied [und Chor]

Allegro bacchanale

Fl.
Vl.
Kla.
ff
Vc.
36
3

Fl.
Vl.
Kla.
Vc.
40
3

57
Fl.
Vl.
cresc.
Kla.
Vc.
f
f
ff

61
Fl.
dim. rit.
(Vio I solo)
Vl.
Bettler
Oh hört des
Kla.
dim. rit.
dim.
Vc.

147

Fl.
Vl.
Kla.
Vc.
ar - men Man - nes Bit - - - te. Oh hört des
ar - men Man-nes Bit - - - te und reicht ihm ei - nen

Fl.
Vl.
Kla.
Vc.
75
pp
(Vio I solo)
pp
pp
pp
Bis - sen Brot!
Der Reich - tum thront in
80
eu - rer Mit - te,
mich drückt des Man - gels

149

Fl.
Vl.
Kla.
Vc.
(evtl. Flöte)
fp
dim.
dim.
(Vio I solo)
bitt - re Not, denn Reich - tum thront in eu - rer
Mit - te mich drückt des Man - gels bitt - re

Fl.
Vl.
Kla.
Vc.
pp
pp
Not des Man - gels Not des Man - gels Not.
Evtl. 2. Durchgang mit 2. Strophe
8va
8vb
ff
ff
ff
(2.)Nacht.
p
ff
ff
fz

9.1 Lied des Bettlers

Klar.
Vio.
St.
ihr____ so reich - lich mich____ be - schenkt. Mein Herz____ ist
Kl.
Vc.

Klar.
Vio.
St.
ja____ des Kum - mers Beu - te, durch eig - ne
Kl.
Vc.

9.2 Lied des Bettlers

Die beiden Bettler-Lieder gehören zum achten Auftritt des zweiten Aktes, zur Szene mit dem Juwelier, in welcher Flottwell den Schmuck aus dem Fenster schleudert und der Bettler ihn aufhebt („Habt Dank…“). Später „klingen die letzten Verse“ des sich entfernenden Bettlers zum Fenster herein („Mein Herz…“).

10. Tanz
[ohne Chor]

Der Satz wurde aus Gliedern eines sehr viel ausführlicheren Satzes »Chor und Tanz«
zusammengestellt. In ihm lassen sich (analog den Takten 10-13) Abschnitte wiederholen,
so die Takte 2-9, 14-20 oder 23-24.

10a. Tanz (Klavier solo)

Diese 2 Takte zwischen den Doppelstrichen evtl. auslassen!
sfz
sfz

11. [Musik und] Lied
(Bettler)

Flottwell: Gibt es eine schönere Aussicht?..."

Flöte

165

Flö./Klar.
Klarinette
(o. Vio solo)
Vio.
St.
Ster - nen - glanz, nicht Son - nen - schein kann ei - nes Bett - lers
Kl.
Vc.
Flö./Klar.
fp
fp
Vio.
St.
Aug' er - freun. Der Reich - tum ist ein treu - los
Kl.
(simile)
Vc.
(pizz.)

Gut, das Glück flieht vor dem
Ü - ber - mut, der Reich - tum

54
Flö./Klar.
Vio.
St.
ist ein treu - los Gut, das
Kl.
Vc.
57
Flö./Klar.
Vio.
St.
Glück flieht vor dem Ü - ber
Kl.
Vc.

mut, vor dem Ü - ber - mut, vor dem Ü - ber -
mut.
[Moderato 4/4]
arco

67
Flö./Klar.
Vio.
Kl.
Vc.
pp
71
Flö./Klar.
Vio.
Kl.
Vc.
pp
pizz.

13. Melodram

[gestaucht]

Auftritt Amalie; bis Flottwell:"…Wenn wir nur das Gewitter nicht zu fürchten hätten!"
(Donner)

Allegro 2/2
Flö.
Klar.
Vio.
Kl.
Vc.
11
f
f
f
p
16
Vio.
Kl.
Vc.
p
22
Vio.
Kl.
Vc.
pizz.

(Verhandlung Flottwells mit den Schiffern)

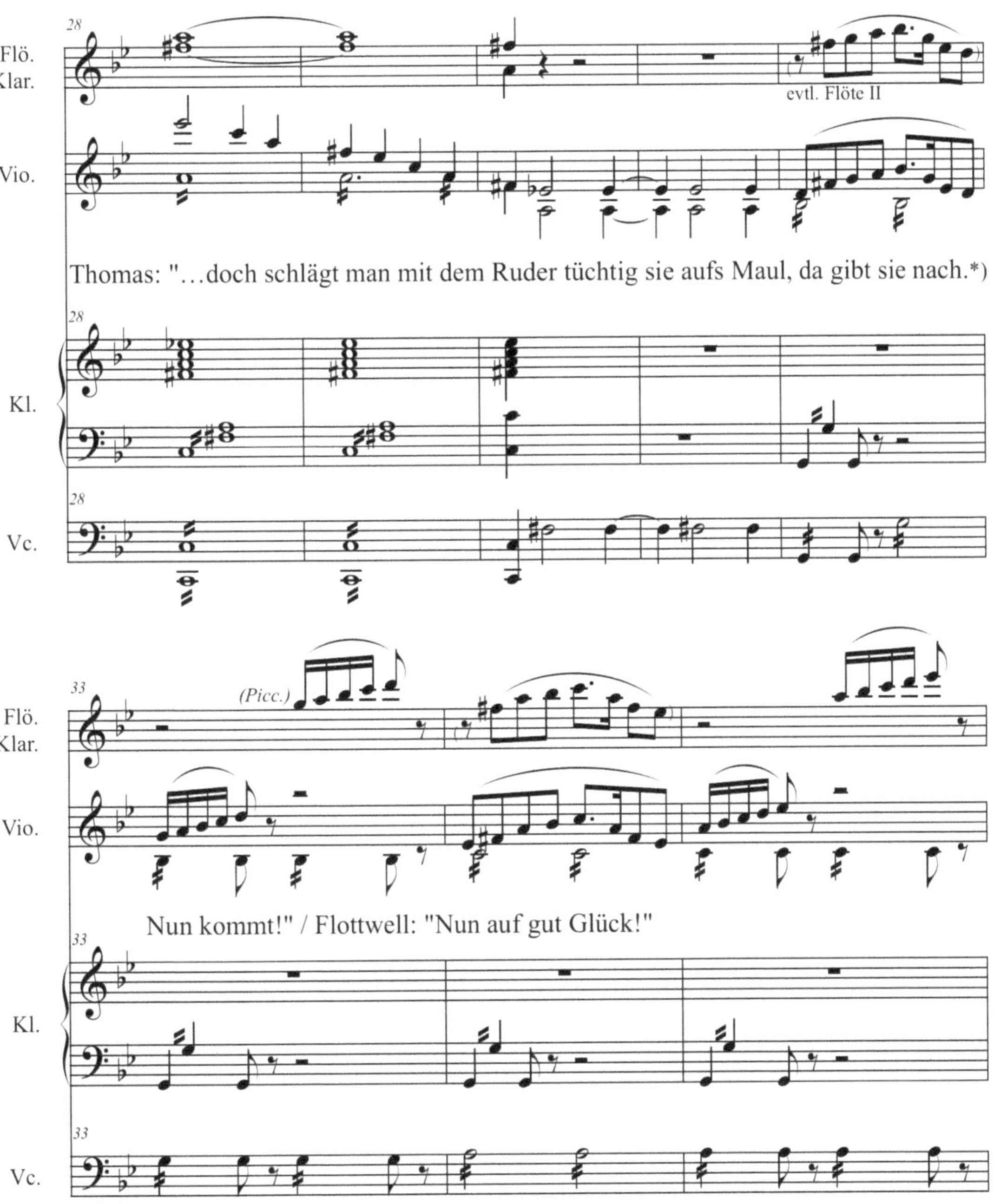

*) Vorschlag in der Partitur: Die Musik (ab Takt 28) schon bei den letzten Worten des Schiffers
Thomas einsetzen zu lassen.

[Andante]

*) Takte 48 bis 60: evtl. die Violinen mit der rechten Hand des Klaviers vertauschen!

177

14. Entre-Act
(Introduction III. Akt)

Fl./
Klar.
Flöte
Klarinette
mf
Vl.
Kla.
Vc.

181

16. Lied
("Hobellied")

Da strei-ten sich die Leut her-um, oft um den Wert des Glücks. Der ei-ne heißt den
an-dern dumm. Am End weiß kei-ner nix. Da ist der al-ler-ärm-ste Mann dem an-dern viel zu

183

reich.   Das Schick-sal setzt den Ho-bel an und ho-belt al-le gleich.

184

17. [Melodram]
(III/10)

Flottwell: "Ists Traum, ists Wahrheit, was ich sah und hörte?…

Cheristane: "Mein Julius! Es war…" bis "Verzweifle nicht, mein teurer Julius…

Dort in der Liebe grenzenlosem Reich, /Wo alle Geister sich begegnen dürfen!"

18. Schlussgesang

Fl./Klar.
Vl.
St.
Kla.
Vc.
Alle
je - der Ver-druß. Jetzt geh'n wir zur Ta - fel, die macht erst den Schluß. Für
heut ist be - en - det ein je - der Ver-druß. Doch heb ich bei Ti - sche den
Valentin

Fl./Klar.
Vl.
St.
Kla.
Vc.
Klarinette
Alle
Flöte
Eh - ren - platz auf, viel - leicht setzt sich Ih - re Zu - frie - den-heit drauf, viel -
leicht setzt sich Ih - re Zu - frie - den-heit drauf.

189

Fl./
Klar.
Vl.
Kla.
Vc.
(Flöte)
p
p
rit.
pp
mf
pp
mf
pp
mf
pp
mf
pp
mf
pp

Valentins Lieder, wie sein Auftrittslied oder das über die Jagd, bilden ja durchaus Entwürfe, die über das konkrete Stück hinausreichen, sprich: die ein Allgemeindenken artikulieren und darin an die Zuschauer und Zuhörer sich wenden. Das Jägerlied hat in der Vorlage Raimunds auch eine Repetitionsstrophe, in der nach dem negativen Urteil über das Jagen nun doch ein Einverständnis mit dem Jagen (und dem Publikum) hergestellt wird. Solche Strophe diente wohl vor allem als eine Art Zugabe nach einem (zu erwartenden) Beifall.

Man kann sich solches Selbstverständnis zunutze machen und möglicherweise, am Schluss einer Vorstellung (bei hoffentlich nicht enden wollendem Beifall), den Zuschauern noch ein zusätzliches und vielleicht sogar augenzwinkerndes Bonmot mit auf den Weg geben, das auf ein Hier und Jetzt Bezug nimmt. Für die mit dem beschriebenen Projekt stattgefundenen Aufführungen hatte ich einige Strophen vorbereitet. Zwei seien hier als Beispiele, zusammen mit ihrem jeweiligen Hintergrund, mitgeteilt.

So hatte die Schule, an der der »Verschwender« aufgeführt wurde, zur damaligen Zeit keinen Musiklehrer. Entsprechend konnte die Zugabe (am Schluss der letzten Vorstellung) als Umdichtung der dritten Strophe von Valentins Auftrittslied lauten:

> Viertens kann ich schreiben, lesen
> Bin im Rechnen ein Genie,
> Bin ein Waldorfschüler g'wesen
> Und ein As in Eurythmie.
> Doch „Musik" sucht' ich vergebens,
> Der Musiksaal, der steht leer.
> Darum muss meines Erachtens
> ein Musíklehrer her!

(Keine Frage, dass der Beifall der Waldorf-Eltern alles übertraf... Vielleicht trug dies dazu bei, dass sehr bald ein Musiklehrer gefunden und in der Schule angestellt wurde.)

Eine Alternative – eine Parodie auf das Lied Valentins zum Jagen – nahm auf eine Besonderheit der Schule Bezug, bei der ein Bauernhof in der unmittelbaren Nachbarschaft einen kleinen Laden betrieb, zu welchem die Schüler aber während der Schul- und Pausenzeiten nicht gehen sollten...

> Manche Lehrer lieg'n auf Dauer
> Manchen Morgen auf der Lauer,
> Dass sie Schüler schnell erhaschen,
> Die bei Schulenborgs was naschen.
> Ja, was ist das für ein Jagen
> Auf 'nen hungrigen Schülermagen?
> Wird gestellt man in der Schneise,
> Drohen Strafen und Verweise!
> Ach, wie „süß" die Schule wär,
> Gäb's hier keine „Jäger" mehr!
> Ach, wie „nahrhaft" Schule wär,
> Gäb's hier keine „Jäger" mehr!

Solch zusätzliche Strophen – die letztere wurde allerdings nicht realisiert – entsprechen durchaus dem Geist der Stücke von Raimund und Nestroy: ein Einverständnis „untereinander" herzustellen.

Ein Nachwort zum Verständnis:
»Bearbeiten für« als besondere »Ästhetische Praxis«
des Musikpädagogen

MIT MUSIK LEBEN bezeichnet eine offene Sammlung von Texten zur Ästhetischen Praxis von Musikpädagogen. Sie versucht, solche Praxis als eine *permanente* anzudeuten, als die sie musikpädagogisches Handeln begleitet und be-gründet. Denn *Mit Musik leben* bezeichnet auch (für mich) die konzentrierteste Definition des Ziels aller musikalischen Unterweisung. Dessen Einlösung aber hat von der zentralen Bedingung auszugehen, dass der Pädagoge nicht nur selbst tut, was er zu vermitteln gedenkt, sondern es in ein Arbeiten mit und über das fortführt.

Ist die Auswahl der dargestellten „Themen" deshalb notwendigerweise zufällig – sie ist abhängig von der persönlichen Erfahrung des Autors, von *seinem* Leben mit Musik –, so folgt deren Sammlung doch (ebenso notwendigerweise) drei Gesichtspunkten. Quasi im Zentrum stehen *Projektbeschreibungen*, die Ästhetische Praxis als eine im Dienste am pädagogischen Subjekt gerechtfertigte verdeutlichen. Ihnen zugeordnet sind (einerseits) konzeptionelle Überlegungen und konkret realisierte *Vorstellungen von* einem Leben mit Musik in dieser Welt und in dieser Gesellschaft sowie (anderseits) *Überlegungen*, die Wege zu in manchem ungewöhnlich erscheinenden Praxisfeldern zu erschließen.

In den Projektbeschreibungen geht es u. a. darum, ästhetische Praxis als eine eigene und eigenartige in der Bewältigung *musikpädagogischer Situationen* aufzuspüren. Eine musikpädagogische Situation ist eine, die *sich* stellt und die, da sie eben nicht (allein) durch unser Handeln herbeigeführt ist, erst erkannt und als solche definiert werden muss. In ihr ist unser Handeln darauf gerichtet, *ein Leben mit Musik anderer zu initiieren und zu fördern*, ihm Barrieren wegzuräumen, kurz: ihm Bedingungen zu schaffen, unter denen es als ein (bezogen auf soziale Traditionen) *eigenständiges* und (bezogen auf den Einzelnen) *mitbestimmtes* sich entfalten kann.

*

Da die als Band 11 meiner ZWISCHENTEXTE versammelten Arbeiten selbstdurchlebte Situationen aufgreifen, um sie als *Material* für colloquiale Lehre im Rahmen der Aus- und Weiterbildung von Musikpädagogen zu bearbeiten, liegt ihr Zweck auch darin, zu erfahren, dass und wie *Momente der Qualifikation* in eine *Situationsbewältigung* zusammenzuführen und einzubringen sind. Es gibt kein Studiengebiet, dessen „Früchte" hier nicht einzufordern wären. (Vgl. auch den folgenden Kasten.) Ihr Zusammenkommen bedeutet aber stets auch ein Weiterarbeiten *an sich selbst* in Bereichen, in denen Hochschule höchstens einen Grund gelegt hat. Dabei stiftet der musikpädagogische Rahmen deren *Sinn und Zusammenhang*; und er verleiht dem Arbeiten spezifische *Richtung*.

Das Bearbeiten einer solchen Orchesterpartitur führt Musikpädagogen ganz praktisch ein in die Struktur einer Orchesterpartitur mit ihren z. T. transponierenden Instrumenten und unterschiedlichen Schlüsseln, aber auch – etwa im Zusammenhang der Flöten – in das Problem der idealen Lage des Spielens bei unterschiedlichen Instrumenten. Die – typisch österreichisch – »Jager Chor« überschriebene Partiturseite eröffnet die Nr. 5 der Bühnenmusik Kreutzers. Notiert sind – von oben nach unten – die Flöten mit der Anweisung »8va«, u. d. h. die Parts sind eine Oktave höher zu spielen, dann die beiden Oboen, darunter die Clarinetten in B (eine große Sekunde höher notiert) sowie die Fagotti (im Bassschlüssel). Es folgen die zur Jagdthematik gehörenden Hörner, jeweils in Es (demgemäß in C notiert); sie sind hier doppelt resp. eben vierfach vertreten: zwei im Orchester, ergänzt durch zwei „auf dem Theater"; diese führen auf der Bühne die Jagdgesellschaft an. Von den drei Posaunen sind zwei im Tenorschlüssel und eine im Bassschlüssel notiert, während die Trompeten in Es wieder in C notiert erscheinen (also, wie die Hörner, um eine kleine Terz resp. große Sexte transponiert gelesen werden müssen); dazu zwei Pauken in *Es* und *B*. Schließlich folgen die Violinen I und II sowie die Viola (im Altschlüssel), die „col B[assi]" gehen soll, also ihre Noten (wohl z. T. oktavversetzt?) aus der untersten Stimme (Instrumentalbässe incl. Violoncelli), beziehen soll. Von den Systemen des Männerchors dazwischen gehört das eine den Tenören (notiert im Tenorschlüssel) und das andere den Bässen. –

Dies gilt in besonderem Maße für zweierlei: für das *Bearbeiten (für)* und für eine implizite *musikalisch-analytische Argumentation;* sie nehmen in den Texten mitunter einen breiten Raum ein. Ihr Zweck, Musik*pädagogen* zu dienen, ist mit Ursache für deren Ausführlichkeit. Dabei mag es scheinen, als „bewahrheite" Analyse nur ein Vorgefasstes. Aber genau dies hat sie im musikpädagogischen Arbeitszusammenhang im Sinn: sich des einzelnen „Stücks" aus seiner Stellung im vorgewussten musikgeschichtlichen bzw. handlungssystematischen Zusammenhang zu vergewissern. Analyse eröffnet, dass und wie *konkret* aus dem Vorwissen heraus ein Stück Musik dem Musikpädagogen *als* eigenes und *durch* eigenes Bearbeiten und dann eben Singen und Spielen und Hören durchschaubar wird. (Eine solchen Vorwissenshorizont erschließende, anthropologisch akzentuierte Musikgeschichte ist freilich erst im Entstehen; sie muss deshalb implizit jeweils angedeutet werden.) Erst jenseits des *Sich*-Erklärens kann Analyse auch die vergleichsweise objektive Funktion des Bearbeitens erfüllen, auf den eigenen musikgeschichtlichen Horizont zurückzuwirken, um diesen, wo nötig, zu korrigieren.

*

Die bisher dokumentierten Projekte wollen keine wissenschaftlichen Publikationen im üblichen Sinne sein; sie gehorchen selbst nicht den Standards sog. wissenschaftlichen Arbeitens. Stattdessen exemplifizieren sie, was man (mit einigem Recht) *wissenschaftsorientiertes Arbeiten* in einem *künstlerischen Fach* nennen kann. Als solche stellen sie (auch) Beiträge zur Hilfe bei der Suche nach dem eigenen Selbstverständnis als Musikpädagoge bereit. Sie bieten an, *mit* ihnen mögliche Arbeitswege eines »*Bereitstellens für*« zu durchmessen. An deren Ende können sie als „erledigt" zur Seite gelegt werden. Für den einen oder anderen bleiben dann vielleicht deren „Nebenergebnisse"; sie sind deshalb (z. B. als Anlagen oder Extrahefte) eingearbeitet resp. angefügt.

Was kann man sich unter solchen Situationen vorstellen, die ein entsprechendes Arbeiten hervorrufen? Z. B. dies:

> Kinder entdecken für sich Gedichttexte des einst sehr populären Autors Josef Guggenmos, und es erscheint naheliegend, solche *Texte auch singbar zu machen.* „Singenmachen als Liedmachen" (als Ergebnis) kann sich dabei aber auch mit Problemen des Singens und vor allem mit solchen des Anlegens einer Melodie beschäftigen. (Eine entsprechende Arbeit beschließt den ersten Band der ZWISCHENTEXTE, *Musikpädagogik als Ausbildung…*, Norderstedt 2001.)

> Experimenteller und gleichzeitig notwendig analytischer stellt sich die Reaktion auf eine Situation dar, in der (aus hier nicht zu diskutierenden Gründen) für den Chor einer Kirchengemeinde eine achtstimmige Motette Johann Pachelbels in ein vierstimmiges Singen bzw. in ein solches im Wechsel mit einem Posaunenchor *umzuarbeiten* war. (Der Text mit dem Titel *Fingerübung* liegt bisher nur als Typo- und Notenskript beim Autor vor.)

> Schließlich ergibt sich vielleicht aus Arbeiten über Regionalität als Zusammenhang musikpädagogischen Handelns die Situation, heutigen Zeitgenos-

sen *Musik aus früheren Jahrhunderten zu erschließen.* Dies führte (im Falle des Autors) zu einer umfangreichen Studie über die Hofkapelle des Osnabrücker Fürstbischofs Philipp Sigismund (zwischen zumindest 1595 und wohl 1623) sowie zu zwei dokumentarischen Editionen bisher unbekannter Vokalmusik. (Die Arbeit *Notizen zur »Hofmusik«...*, in den 80-er Jahren entstanden, sowie zwei Editionen von Kompositionen Ott Siegfried Harnisch's [Norderstedt 2021 bzw. 2022] sind im Druck greifbar.)

Von ganz anderer Seite stellt sich eine „Forderung", interessierte Männer in einer (evangelischen) Kirchengemeinde dabei zu unterstützen, „ihren" besonderen Sonntag im September („Männersonntag") jeweils *musikalisch zu gestalten.* Entsprechend sind ad hoc *Chorsätze* zu suchen oder möglicherweise *selbst zu entwerfen,* die weder den Männerchorstil imitieren, noch als bloßer Kirchenchorersatz fungieren; und sie sind einzustudieren und entsprechend zu leiten. (Die 35 Vorschläge zur Gottesdienstgestaltung liegen unter dem Titel »Männersonntag« beim Autor als Privatdruck (ohne Kommentar) vor. Sie können bei ihm angefordert werden.)

Wenn hier nun die *Notizen und Bearbeitungen zu Conradin Kreutzers Bühnenmusik zu Ferdinand Raimunds »Der Verschwender«* als ein entsprechendes Projekt eingereiht wurden, so dienen diese (heute) sicher eher der Dokumentation eines einmal Vorgenommenen, weniger wohl (im Zeitalter des an Popmusik orientierten Schülermusicals) einer aktuellen Brauchbarkeit des Arbeitsergebnisses. Der Autor hatte im Jahr 1990 ca. zehn der Bearbeitungen angefertigt, bei sechs Ausführungen den Klavierpart übernommen und im unmittelbaren Nachgang sowohl die projektbezogenen Überlegungen als auch (einer gewissen Vollständigkeit halber) noch einige Bearbeitungen hinzugefügt. Diese wurden nun, nach fast 35 Jahren, endlich zusammengefasst und einigen möglicherweise Interessierten nicht nur als „Beispiel" künstlerischen Arbeitens als Musikpädagoge, sondern auch als Information über eine besonders differenzierte und reizvolle Bühnenmusik aus der Zeit des Biedermeier vorgelegt.

Zum Schluss sei dankbar an die erinnert, die dazu beigetragen haben, dass solche „Arbeit" überhaupt in Angriff genommen und vollendet wurde: natürlich zu allererst an die Initiatorin solchen Theaterspielens einerseits wie an die damaligen Ausführenden, die Schülerinnen und Schüler, anderseits; dazu an eine damalige Praktikantin (an der betreffenden Schule), die z. T. die Instrumentalstimmen aus den Partituren herausschrieb und die Parts mit den Schülern einstudierte, sowie auch an jene studentische Hilfskraft, die (wohl um 2003) die Mehrzahl der damals noch in handschriftlicher Partitur des Autors vorliegenden Stücke mittels eines Notationsprogramms in den Computer übertrug (um eine damals geplante Edition endlich vorzubereiten). Auf der Grundlage dieser Vorarbeit wurden die vorliegende Studie und die Edition der Bearbeitungen endlich zusammengestellt.

Bleibt die Hoffnung, man merkt ihnen an, wie gern sich (auch) der Autor an die Begegnung mit dieser Musik erinnert.

Dietmar Ströbel / (Bohmte und) Osnabrück, 1990/(2003)/2024